La frase "Non vedere il male, non sentire il male, non parlare del male" è associata ai Tre Scimmiette Sagge della tradizione giapponese.

Esse rappresentano un insegnamento etico e morale basato sull'idea di evitare il male sotto ogni forma. Le scimmiette hanno i seguenti nomi e gesti caratteristici:

1.Mizaru: si copre gli occhi per non vedere il male.
2.Kikazaru: si copre le orecchie per non sentire il male.
3.Iwazaru: si copre la bocca per non parlare del male.

Prefazione

Le Tre Scimmiette sono un simbolo di saggezza antica, un insegnamento che ha attraversato secoli e culture, rimanendo sorprendentemente attuale. Conosciute per il loro comportamento emblematico – non vedere, non sentire, non parlare del male – queste tre figure ci offrono un messaggio profondo che trascende il tempo e lo spazio. Il loro silenzio non è assenza, ma una forma di presenza consapevole, capace di insegnarci come affrontare la vita con attenzione, rispetto e amore.

In un mondo che corre veloce, dove l'informazione è abbondante e spesso frenetica, le Tre Scimmiette ci invitano a fermarci e riflettere. Non sono solo un monito contro il male, ma un richiamo a vivere in modo più autentico e consapevole, con l'obiettivo di essere presenti a noi stessi e agli altri. L'insegnamento che ci offrono non è solo un richiamo alla tranquillità, ma anche una guida pratica su come affrontare le sfide quotidiane con saggezza.

Questa riflessione sulle Tre Scimmiette è un invito a guardare la vita con occhi nuovi. Vedere senza giudicare, ascoltare senza essere travolti dalle emozioni, parlare con consapevolezza e gentilezza. Le loro azioni, seppur semplici, ci mostrano come possiamo vivere in armonia con noi stessi e con il mondo che ci circonda. Ogni gesto, ogni parola, ogni pensiero può essere un'opportunità di crescita personale e collettiva.

In queste pagine troverete un percorso di esplorazione che vi invita a riflettere sulla vostra vita, sui vostri comportamenti, sulle vostre reazioni. Vi accompagnerà in un viaggio di consapevolezza, dove ogni passo, ogni respiro, ogni scelta sarà guidato dalla saggezza di chi ha imparato a vivere con il cuore aperto e la mente serena.

Non si tratta solo di non vedere, non sentire e non parlare del male. Si tratta di scegliere consapevolmente di non essere influenzati dalla negatività, ma di cercare sempre la luce e il bene che esistono in ogni cosa. Le Tre Scimmiette ci insegnano che, anche nelle situazioni più difficili, possiamo scegliere di essere testimoni di ciò che è positivo, portatori di pace e di amore, e di trasformare la nostra vita e quella degli altri attraverso il nostro esempio.

Che queste pagine possano ispirarvi a trovare la pace interiore, la serenità e la saggezza nelle azioni quotidiane, e a vivere una vita più consapevole, autentica e compassionevole.

Maramurce Di Grazia

La frase "Non vedere il male, non sentire il male, non parlare del male" è associata ai Tre Scimmiette Sagge della tradizione giapponese. Esse rappresentano un insegnamento etico e morale basato sull'idea di evitare il male sotto ogni forma.

Le scimmiette hanno i seguenti nomi e gesti caratteristici:

1.*Mizaru: si copre gli occhi per non vedere il male.*
2.*Kikazaru: si copre le orecchie per non sentire il male.*
3.*Iwazaru: si copre la bocca per non parlare del male.*

Questa filosofia può essere interpretata come un invito a evitare di essere coinvolti in situazioni o comportamenti negativi, ma in alcuni contesti è anche vista come una critica alla passività di fronte alle ingiustizie.

Il significato delle Tre Scimmiette Sagge può variare a seconda del contesto culturale o filosofico. Ecco alcune interpretazioni più approfondite:

Interpretazioni positive

1. Autodisciplina e purezza morale: *L'idea di non vedere, sentire o parlare del male può essere letta come un invito a concentrarsi sugli aspetti positivi della vita e ad evitare di alimentare negatività.*

2. Prudenza nelle relazioni: *Evitare il gossip o la critica degli altri, non dare spazio a pensieri malvagi o distruttivi.*

3. Protezione dell'animo: *Tenere lontano ciò che può corrompere o disturbare la pace interiore.*

Interpretazioni critiche

1. Indifferenza e complicità: *In alcuni contesti, il motto è criticato perché potrebbe promuovere il silenzio di fronte alle ingiustizie, come il rifiuto di vedere i problemi o di denunciare il male.*

2. Passività morale: *L'atteggiamento "ignora e vai avanti" può essere visto come una forma di evitamento, invece di affrontare attivamente situazioni problematiche.*

Origini e simbolismo

La frase e le scimmiette derivano dalla tradizione giapponese, influenzata dal **Confucianesimo** e dal **Buddismo Zen**, e sono collegate al santuario di **To-shogu**, dedicato a Tokugawa Ieyasu, in Giappone. In quest'ultimo, le scimmiette si trovano scolpite in legno, parte di un ciclo narrativo sulla vita e la moralità.

Le tre scimmiette oggi

Nel mondo moderno, il simbolo è spesso reinterpretato:

- Memetica e ironia: Spesso raffigurate in contesti satirici o umoristici, le tre scimmiette vengono usate per denunciare l'ipocrisia o l'apatia sociale.

- Un quarto significato: A volte si aggiunge una quarta scimmietta, **Shizaru**, che si copre il ventre o incrocia le braccia, rappresentando l'idea di "non fare il male".

Il messaggio delle Tre Scimmiette rimane dunque un monito universale, che può essere interpretato in modi diversi a seconda delle situazioni personali o culturali.

Riflessioni moderne sulle Tre Scimmiette

In un contesto globale contemporaneo, il simbolismo delle Tre Scimmiette può assumere nuovi significati e sfumature, che riflettono il rapporto tra etica individuale e collettiva:

1. La responsabilità personale di fronte al male

Le Tre Scimmiette ci ricordano che ognuno ha la capacità di scegliere come reagire al mondo circostante. Tuttavia, nel nostro tempo, questo principio è spesso messo alla prova:

- In ambito sociale: Il non "vedere" o "sentire" il male può significare chiudere gli occhi di fronte alle ingiustizie, come la povertà, i conflitti, o il degrado ambientale.
- In ambito personale: Essere consapevoli delle proprie azioni e parole implica scegliere di non alimentare violenza o negatività

2. Le scimmiette e i social media

Con l'avvento dei social media, l'idea di non "vedere", "sentire" o "parlare" del male ha una risonanza particolare:

- Non vedere: *Può essere inteso come un modo per filtrare contenuti tossici o dannosi.*
- Non sentire: *Proteggersi dal rumore digitale che amplifica odio e divisioni.*
- Non parlare: *Riflettere prima di contribuire alla diffusione di disinformazione o linguaggi violenti.*

In questo contesto, le Tre Scimmiette possono anche essere un invito a coltivare un uso più etico e consapevole della comunicazione online.

3. Etica attiva contro la passività

Mentre il messaggio tradizionale delle scimmiette è spesso associato alla prudenza, una lettura moderna suggerisce che non basta evitare il male, ma occorre anche agire positivamente:

- *"Non parlare del male" può significare evitare di alimentare polemiche, ma dovrebbe accompagnarsi a una volontà di affrontare problemi con soluzioni costruttive.*
- *"Non vedere il male"non significa ignorare le ingiustizie, ma piuttosto impegnarsi a vedere anche il bene e a lavorare per promuoverlo.*

4. Una filosofia di equilibrio

Alla fine, il messaggio delle Tre Scimmiette può essere reinterpretato come un invito all'equilibrio:

- Non lasciarsi sopraffare dalla negatività, ma neanche cadere nell'apatia.
- Coltivare una visione critica per distinguere quando è necessario il silenzio e quando invece è doveroso agire o parlare.

Conclusione

Le Tre Scimmiette Sagge restano un simbolo affascinante e ricco di significati. Da una semplice rappresentazione di virtù morali, esse sono diventate un potente strumento per riflettere sulle sfide dell'umanità, dalla sfera personale a quella collettiva. La loro forza sta nella loro universalità: ogni cultura e ogni epoca può leggerci un insegnamento valido e adattabile.

Le Tre Scimmiette come specchio del comportamento umano

L'universalità del simbolo delle Tre Scimmiette si lega alla natura umana e ai suoi modi di affrontare il male. Questo archetipo, con le sue molteplici interpretazioni, ci permette di esplorare alcune dinamiche chiave del comportamento umano:

1. L'autoinganno
- Ignorare il male per evitare il conflitto: Molti scelgono di "non vedere" o "non sentire" ciò che è scomodo, per paura di confrontarsi con realtà difficili. Questo atteggiamento può sembrare protettivo, ma rischia di alimentare l'inerzia e la mancanza di responsabilità.

- Silenzio come rifugio: In alcune situazioni, il silenzio è una forma di difesa personale, un modo per sfuggire alle pressioni esterne o alle ingiustizie percepite.

2. L'etica del silenzio
In alcune tradizioni spirituali, il silenzio non è sinonimo di passività, ma di saggezza:

*- **Non parlare del male per non diffonderlo**: Secondo questa visione, parlare del male potrebbe amplificarlo, creando un ciclo di negatività. Ad esempio, in ambito sociale, il gossip o la denuncia sterile non risolvono il problema, ma lo perpetuano.*
*- **Ascolto attivo e consapevolezza**: Non sentire il male non significa ignorarlo, ma scegliere di non lasciarsi travolgere dalle emozioni negative che esso genera.*

3. Il coraggio di vedere e agire
Se da un lato le Tre Scimmiette sono spesso associate alla prudenza, dall'altro è possibile interpretarle come un invito a una consapevolezza più profonda:
*- **Scegliere di vedere**: Affrontare il male con coraggio significa non girare lo sguardo dall'altra parte, ma riconoscerlo per poterlo affrontare.*

*- **Scegliere di sentire**: Dare ascolto alle voci che denunciano le ingiustizie e impegnarsi per il cambiamento.*

*- **Scegliere di parlare**: Rompere il silenzio quando necessario, soprattutto per difendere i più deboli o per costruire un mondo più giusto.*

Le Tre Scimmiette come pratica quotidiana

Nel quotidiano, il messaggio delle Tre Scimmiette può essere tradotto in azioni semplici ma potenti:

1. **Selezionare ciò che consumiamo**: *Decidere quali informazioni, immagini o esperienze lasciar entrare nella nostra vita per preservare la nostra salute mentale ed emotiva.*

2. **Evitare parole dannose**: *Fare attenzione al linguaggio che usiamo, evitando critiche gratuite, rabbia o discorsi divisivi.*

3. **Promuovere il bene**: *Agire in modo proattivo per portare valore nelle situazioni, scegliendo di essere una forza positiva nel proprio ambiente.*

Un simbolo senza tempo

Le Tre Scimmiette continuano a essere rilevanti perché parlano a tutti, indipendentemente da cultura, età o contesto sociale.

Esse rappresentano una sfida personale e collettiva:

- *Riconoscere il male senza esserne complici.*
- *Agire con saggezza per trasformarlo in bene.*
- *Trovare un equilibrio tra il silenzio che protegge e la parola che costruisce.*

In definitiva, le Tre Scimmiette ci ricordano che, di fronte alle complessità del mondo, la vera saggezza risiede nell'uso consapevole della vista, dell'ascolto e della parola per contribuire a un'esistenza più armoniosa e significativa.

Le Tre Scimmiette come metafora universale

Approfondendo il simbolismo delle Tre Scimmiette, si può cogliere come queste rappresentino un ponte tra l'etica individuale e il comportamento collettivo. La loro forza risiede nella semplicità dei gesti, che trascendono i confini culturali e temporali. Ogni società, in ogni epoca, può trovarvi un insegnamento utile.

1. La lotta contro l'indifferenza

Una delle interpretazioni più moderne delle Tre Scimmiette è la loro opposizione all'indifferenza:

- **Non vedere il male** non dovrebbe significare ignorare le sofferenze altrui, ma cercare di riconoscere quando è necessario intervenire.

- **Non sentire il male** può essere un richiamo a distinguere tra le voci che distruggono e quelle che costruiscono, focalizzandosi su ciò che è utile e giusto.

- **Non parlare del male** potrebbe suggerire di non fomentare l'odio o amplificare messaggi distruttivi, ma di promuovere dialoghi costruttivi.

L'indifferenza è spesso la radice del male sociale, e il simbolismo delle Tre Scimmiette può servire da guida per superarla.

2. Il ruolo dell'educazione

Le Tre Scimmiette sono anche un potente strumento educativo:

- *Insegnano ai bambini a essere consapevoli delle loro azioni e delle loro parole, aiutandoli a sviluppare un senso di responsabilità.*

- *Promuovono l'autocontrollo negli adulti, ricordando l'importanza di evitare di agire d'impulso o sotto l'influenza di emozioni negative.*

L'educazione, sia formale che informale, può integrare questo simbolo per trasmettere valori come l'empatia, la giustizia e la saggezza.

3. Una filosofia applicabile alla vita quotidiana

Le Tre Scimmiette possono ispirare atteggiamenti pratici:

- **Praticare il discernimento**: Non tutte le informazioni sono utili, non tutte le discussioni sono necessarie. Imparare a scegliere cosa vedere, sentire e dire è fondamentale in un'epoca di sovraccarico informativo.
- **Coltivare la consapevolezza**: Essere presenti nel momento e riconoscere quando è opportuno agire o tacere.
- **Adottare la compassione**: Usare la propria voce e le proprie azioni per aiutare, anziché danneggiare.

4. Il potere trasformativo della saggezza

Il messaggio delle Tre Scimmiette non è statico; evolve con chi lo interpreta. Può essere visto come un percorso di crescita personale:

- *Dal silenzio alla consapevolezza: Imparare a usare il silenzio non come fuga, ma come strumento per osservare e comprendere.*
- *Dalla passività all'azione responsabile: Capire quando è il momento di rompere il silenzio per difendere ciò che è giusto.*

Un simbolo in evoluzione

Nella società odierna, le Tre Scimmiette trovano applicazione in molti ambiti:
1. **Etica aziendale**: Promuovere comportamenti responsabili e sostenibili, evitando pratiche dannose per le persone o l'ambiente.
2. **Attivismo sociale**: Rompere il silenzio su questioni cruciali come la giustizia sociale, i diritti umani o il cambiamento climatico.
3. **Sviluppo personale**: Coltivare uno stile di vita equilibrato, evitando inutili conflitti e focalizzandosi sulla crescita interiore.

Conclusione finale

Le Tre Scimmiette rappresentano una lezione di vita universale, che invita ciascuno a riflettere su come vedere, sentire e parlare. Non si tratta semplicemente di evitare il male, ma di scegliere consapevolmente il bene.

Questo simbolo ci insegna che la saggezza non consiste nel chiudere gli occhi al mondo, ma nell'aprirli con discernimento, equilibrio e compassione.

Così facendo, possiamo non solo migliorare noi stessi, ma anche contribuire a costruire una società più giusta e armoniosa.

Le Tre Scimmiette come simbolo del dilemma morale

Le Tre Scimmiette, con il loro messaggio apparentemente semplice, pongono una domanda fondamentale che si applica alla condizione umana: **quando evitare il male diventa complicità?**. Questo dilemma morale le rende un simbolo complesso, adatto a esplorare i confini tra prudenza e responsabilità.

1. La responsabilità di agire

Il gesto di coprire occhi, orecchie e bocca, se preso in modo assoluto, rischia di essere una fuga dalle responsabilità. In molti casi, **non agire è di per sé una scelta** che può avere conseguenze:

- **Di fronte alle ingiustizie**: Il silenzio può essere interpretato come approvazione o indifferenza.

- **Nelle relazioni personali**: Ignorare conflitti o problemi può portare a incomprensioni e divisioni.

- **Nella società**: Non parlare dei mali collettivi (corruzione, violenza, disuguaglianze) può contribuire al loro perpetuarsi.

Le Tre Scimmiette ci invitano quindi a riflettere su quando sia necessario rompere il silenzio e intervenire.

2. Il paradosso del silenzio

Il silenzio, che da un lato protegge e offre uno spazio di riflessione, può dall'altro lato diventare oppressivo o pericoloso:

- **Silenzio come rifugio**: In contesti di conflitto, può essere una forma di autoprotezione.

- **Silenzio come arma**: In politica o nelle relazioni, il non parlare può essere una strategia per manipolare o nascondere la verità.

- **Silenzio come connivenza**: Rimanere passivi di fronte al male equivale, in certi casi, a sostenerlo implicitamente.

Questo paradosso rende evidente che il valore del silenzio dipende dall'intenzione che lo accompagna e dal contesto in cui viene adottato.

3. Le Tre Scimmiette e la saggezza collettiva

Oltre che a livello individuale, il simbolo delle Tre Scimmiette può essere applicato al funzionamento di una comunità o di un'intera società:

- **Media e comunicazione**: Il controllo di ciò che viene visto, sentito e detto ha un enorme impatto sulla formazione dell'opinione pubblica. Una stampa che "non vede" o "non parla" dei problemi importanti può contribuire alla loro invisibilità.

- **Istituzioni e responsabilità**: Le organizzazioni e i governi che scelgono di ignorare problemi cruciali (come i diritti umani o le crisi ambientali) incarnano una versione distorta delle Tre Scimmiette.

- **Cultura e memoria storica**: Rifiutarsi di vedere o parlare del passato, specie nei suoi aspetti più dolorosi, può impedire l'apprendimento e la crescita collettiva.

4. Una rilettura contemporanea

Nel contesto moderno, le Tre Scimmiette possono essere reinterpretate non come un invito alla passività, ma come un richiamo alla **consapevolezza critica**:

- **Non vedere il male**: Non significa ignorare, ma imparare a riconoscere ciò che è davvero importante.

- **Non sentire il male**: Non vuol dire chiudersi, ma filtrare le influenze tossiche e ascoltare ciò che contribuisce alla crescita.

- **Non parlare del male**: Non implica il silenzio assoluto, ma scegliere parole che costruiscano invece di distruggere.

Questa lettura trasforma le scimmiette in un simbolo di forza interiore e discernimento.

Un messaggio per il futuro

Le Tre Scimmiette ci invitano a riflettere su come vogliamo affrontare il male nel mondo. Ci ricordano che:

1. **Non possiamo risolvere ogni problema**, ma possiamo scegliere come agire nel nostro piccolo.

2. **Il silenzio non è sempre la risposta migliore**, e talvolta parlare è un atto di coraggio.

3. **Essere consapevoli è il primo passo per cambiare**: solo riconoscendo ciò che ci circonda possiamo fare la differenza.

In un mondo complesso, dove il male può essere evidente o nascosto, scegliere di vedere, sentire e parlare con saggezza può fare la differenza tra una vita passiva e una vita pienamente vissuta, orientata verso il bene.

Le Tre Scimmiette e il loro significato filosofico universale

Il simbolismo delle Tre Scimmiette è una lente potente attraverso cui esplorare il rapporto dell'individuo con il mondo. Andando oltre la loro apparente semplicità, esse sollevano questioni fondamentali che toccano la consapevolezza, la responsabilità morale e la saggezza nell'agire.

1. Vedere, sentire e parlare come atti consapevoli
Le Tre Scimmiette non si limitano a rappresentare il rifiuto del male; suggeriscono invece che questi tre sensi (vista, udito e parola) devono essere **usati con intenzionalità e discernimento**. In una società frenetica e sovraccarica di stimoli, questa saggezza è più rilevante che mai:

- **Vedere consapevolmente**: Filtrare ciò che osserviamo, concentrandoci su ciò che può arricchirci o motivarci, senza ignorare le realtà che richiedono il nostro intervento.

- **Sentire selettivamente**: Non lasciarci sopraffare dal rumore del mondo, ma ascoltare le voci che meritano attenzione, come quelle delle persone vulnerabili o di chi ha bisogno di aiuto.

- **Parlare con responsabilità**: Usare le parole per costruire, non per distruggere, evitando il linguaggio dell'odio o della divisione.

2. Le Tre Scimmiette come esercizio di equilibrio
La loro simbologia ci insegna che la vita richiede un continuo bilanciamento tra:
- **Azione e riflessione**: Quando agire e quando attendere, osservando e comprendendo meglio la situazione.
- **Denuncia e prudenza**: Quando parlare apertamente contro le ingiustizie e quando agire con discrezione per non peggiorare la situazione.
- **Empatia e protezione di sé**: Quando aprirsi agli altri e alle loro sofferenze e quando proteggersi per non esaurire le proprie energie.

Questo equilibrio è la chiave per una vita etica e consapevole.

3. Un insegnamento valido per tutte le culture

Il messaggio delle Tre Scimmiette trascende i confini culturali perché si basa su valori universali:
- **La virtù della moderazione**: Comune a molte filosofie, dall'Aristotelismo al Buddhismo, suggerisce che gli estremi (troppo silenzio o troppa parola) devono essere evitati.
- **La centralità della responsabilità personale**: Ogni individuo ha il potere di scegliere come reagire al mondo, una tematica presente anche nel pensiero occidentale moderno (ad esempio, in Jean-Paul Sartre e l'esistenzialismo).
- **L'importanza dell'introspezione**: Le Tre Scimmiette ci invitano a rivolgerci all'interno di noi stessi per riflettere sul nostro ruolo nel mondo.

4. Un simbolo adattabile ai tempi moderni

Le Tre Scimmiette sono più attuali che mai, specialmente in un'epoca di:
- **Disinformazione e fake news**: Non "vedere" tutto ciò che viene proposto online può essere una forma di autodifesa contro manipolazioni e negatività.
- **Cultura dell'indignazione**: "Non parlare" del male potrebbe suggerire di evitare discussioni sterili che alimentano divisioni, cercando invece dialoghi costruttivi.
- **Sovraccarico sensoriale**: Filtrare ciò che sentiamo e vediamo è fondamentale per mantenere la nostra salute mentale.

5. Un invito all'azione consapevole

Alla fine, il vero insegnamento delle Tre Scimmiette è che **non basta evitare il male; occorre impegnarsi attivamente per il bene**. Questo può tradursi in:

- *Difendere chi non ha voce.*
- *Parlare con gentilezza e rispetto.*
- *Agire contro le ingiustizie, anche quando è difficile.*

Conclusione finale: una saggezza senza tempo
Le Tre Scimmiette rappresentano una guida pratica e filosofica che ci invita a vivere con attenzione, equilibrio e responsabilità. Esse non ci dicono di chiudere gli occhi al male, ma di scegliere con saggezza **quando e come reagire a esso**. Questo simbolo universale ci ricorda che il cambiamento non inizia dal mondo esterno, ma da noi stessi:

- Vedere il mondo con chiarezza.
- Sentirne i bisogni con empatia.
- Parlare e agire con saggezza e coraggio.

Così facendo, possiamo trasformare il loro messaggio in un potente strumento per costruire un mondo migliore.

*Le Tre Scimmiette e il cammino verso l'armonia**

Le Tre Scimmiette, da semplici figure simboliche, si trasformano in una filosofia di vita quando il loro messaggio viene integrato nella quotidianità. Esse ci sfidano a considerare come interagiamo con il mondo e con noi stessi, offrendo un modello per coltivare armonia e saggezza.

1. La pratica della consapevolezza nelle relazioni

Nelle nostre interazioni personali e professionali, il messaggio delle Tre Scimmiette può aiutare a migliorare le dinamiche relazionali:

- **Non vedere il male negli altri**: Coltivare l'empatia e cercare il lato positivo delle persone, evitando di giudicare troppo in fretta. Questo non significa ignorare i loro difetti, ma scegliere di concentrarsi su ciò che può costruire legami più forti.

- **Non sentire il male nei conflitti**: Nei momenti di tensione, è utile non lasciarsi trascinare dalle parole o dalle emozioni negative, ascoltando con pazienza per comprendere l'altro punto di vista.

- **Non parlare del male dietro le spalle**: Evitare il gossip e le critiche distruttive, promuovendo invece una comunicazione autentica e rispettosa.

2. Le Tre Scimmiette e la crescita personale

Adottare i principi delle Tre Scimmiette significa intraprendere un percorso di crescita interiore:
- **Autodisciplina**: Imparare a controllare i propri impulsi, filtrando ciò che si guarda, ascolta e dice.
- **Resilienza**: Proteggersi dalle negatività esterne per mantenere la propria serenità.
- **Autoconsapevolezza**: Riflettere sulle proprie azioni e parole per assicurarsi che siano allineate con i propri valori.

Questo percorso non riguarda solo l'evitare il male, ma anche il coltivare il bene, dentro e fuori di sé.

3. Il significato spirituale delle Tre Scimmiette

In un contesto spirituale, le Tre Scimmiette possono essere viste come un invito a:
- **Coltivare la purezza mentale**: Limitare i pensieri negativi o distruttivi, concentrandosi su quelli che portano pace e illuminazione.
- **Sviluppare la saggezza interiore**: Imparare a distinguere tra ciò che è temporaneo e superficiale e ciò che è eterno e significativo.
- **Praticare la compassione**: Essere consapevoli del dolore altrui, ma non lasciarsene sopraffare, per poter agire in modo efficace e amorevole.

4. Le Tre Scimmiette come guida per il cambiamento sociale

A livello collettivo, le Tre Scimmiette possono ispirare un approccio etico e responsabile ai problemi sociali:

- **Non vedere il male come indifferenza**: Sensibilizzare le persone affinché guardino con coraggio i problemi del mondo, senza chiudere gli occhi davanti alle ingiustizie.
- **Non sentire il male come isolamento**: Ascoltare le voci emarginate e fare spazio al dialogo.
- **Non parlare del male come silenzio colpevole**: Usare la propria voce per denunciare ciò che non va, ma farlo in modo costruttivo, evitando la retorica dell'odio o della divisione.

In questo senso, le Tre Scimmiette non rappresentano passività, ma una chiamata all'azione consapevole e orientata al bene comune.

Un simbolo per l'equilibrio universale

Le Tre Scimmiette, nella loro semplicità, ci insegnano che vivere una vita equilibrata richiede impegno e discernimento. Non si tratta di ignorare il mondo o di chiudersi in sé stessi, ma di:

- *Scegliere con saggezza ciò che lasciamo entrare nella nostra mente e nel nostro cuore.*
- *Rispondere al male con azioni positive e significative.*
- *Essere un esempio di gentilezza, integrità e forza morale.*

Conclusione finale

Le Tre Scimmiette rappresentano molto più di un codice di condotta; sono un invito a vivere in modo più consapevole e armonioso. *Ci ricordano che il male non può essere eliminato completamente, ma può essere gestito con discernimento, saggezza e compassione.*

In un mondo complesso e spesso caotico, adottare il loro messaggio significa scegliere di vedere con chiarezza, ascoltare con empatia e parlare con gentilezza. Questo non solo ci aiuta a migliorare noi stessi, ma contribuisce a creare una società più giusta e pacifica, in cui il bene prevale non attraverso la forza, ma attraverso la consapevolezza e l'azione responsabile.

Le Tre Scimmiette e la loro applicazione nella vita quotidiana

Nel mondo moderno, dove la comunicazione è immediata e le informazioni sono costantemente a portata di mano, le Tre Scimmiette offrono una guida per navigare le sfide quotidiane con maggiore saggezza e equilibrio.

Ogni singolo atto di vedere, sentire e parlare può avere un impatto profondo sulla nostra vita e su quella degli altri.

1. Le Tre Scimmiette nella gestione delle emozioni

Le emozioni sono potenti, e spesso influenzano il nostro modo di reagire agli eventi esterni. Il simbolo delle Tre Scimmiette ci insegna che, per affrontarle in modo sano, è fondamentale:

- **Non vedere il male nelle emozioni**: Le emozioni negative, come la rabbia o la frustrazione, non devono essere ignorate. Invece di "non vedere" il male, dovremmo imparare a riconoscerlo senza farci sopraffare. Comprendere l'origine di questi sentimenti ci permette di trasformarli in energia positiva.

- **Non sentire il male nelle situazioni difficili**: Quando affrontiamo sfide emotive o conflitti interpersonali, non dobbiamo lasciarci travolgere dall'intensità del momento. Essere consapevoli di ciò che sentiamo ci permette di prendere decisioni più equilibrate e sagge.

- **Non parlare del male con giudizi affrettati**: Le parole possono ferire e amplificare il conflitto. Invece di reagire impulsivamente, possiamo scegliere il silenzio o esprimere i nostri sentimenti con calma e rispetto.

<u>2. Le Tre Scimmiette e la salute mentale</u>

Nell'era della tecnologia, il bombardamento costante di informazioni può avere un impatto significativo sulla nostra salute mentale. Le Tre Scimmiette ci offrono una strategia per gestire questo flusso:

–	**Non vedere tutto ciò che ci viene proposto**: Limitiamo l'esposizione a contenuti negativi o dannosi, scegliendo attentamente le fonti di informazione e dedicando tempo a pratiche che promuovano il benessere mentale, come la meditazione o il tempo trascorso nella natura.

- **Non sentire il peso del mondo**: Evitare di assorbire ogni dramma o tragedia che ci viene presentato. Imparare a separare ciò che possiamo controllare da ciò che è fuori dalla nostra portata ci permette di mantenere la serenità.

- **Non parlare negativamente di noi stessi o degli altri**: Il linguaggio che usiamo ha il potere di influenzare il nostro stato d'animo. Utilizzare parole che rafforzano l'autostima e la positività è essenziale per mantenere un equilibrio psicologico.

<u>3. Le Tre Scimmiette nel contesto del lavoro e delle sfide professionali</u>

Nel mondo del lavoro, dove le pressioni quotidiane sono alte e le relazioni interpersonali complesse, applicare il principio delle Tre Scimmiette può migliorare significativamente il nostro approccio:

- **Non vedere solo gli ostacoli**: È facile concentrarsi sugli aspetti negativi di un progetto o di un compito difficile, ma è fondamentale vedere anche le opportunità di crescita e miglioramento. Imparare a focalizzarsi sulle soluzioni piuttosto che sui problemi porta a un maggiore successo professionale.

- **Non sentire il peso delle critiche ingiustificate**: Le critiche fanno parte del percorso professionale, ma non devono determinare il nostro valore. Non lasciamo che ogni commento negativo ci influenzi troppo; distinguiamo tra feedback costruttivo e parole senza valore.

- **Non parlare di problemi senza proporre soluzioni**: Parlare di un problema senza cercare soluzioni è un atteggiamento che può diffondere negatività. Invece, possiamo essere agenti di cambiamento, usando il nostro linguaggio per ispirare e motivare gli altri a superare le difficoltà.

Le Tre Scimmiette e la sostenibilità

Oltre al benessere personale e sociale, il simbolo delle Tre Scimmiette si può estendere al rispetto per l'ambiente e alla sostenibilità. In un'epoca in cui le sfide ecologiche sono sempre più urgenti, le scimmiette ci insegnano come le nostre azioni quotidiane possano influenzare il pianeta:

- **Non vedere l'ambiente come un qualcosa di separato da noi**: Siamo tutti connessi al mondo naturale. Non dobbiamo ignorare i segnali di degrado ambientale, ma diventare consapevoli delle nostre azioni e dei loro effetti sul pianeta.

- **Non sentire la passività rispetto ai problemi ecologici****: Non dobbiamo accettare l'inquinamento o la distruzione dell'ambiente come inevitabili. Sentire un senso di responsabilità ci spinge a intraprendere azioni concrete per proteggere la Terra.

- **Non parlare di sostenibilità senza agire**: Le parole senza azione sono vuote. Sostenere la sostenibilità non significa solo parlarne, ma adottare pratiche quotidiane che riducano il nostro impatto ambientale, come il riciclaggio, l'uso consapevole delle risorse e il consumo responsabile.

Verso una società più consapevole e responsabile

Le Tre Scimmiette, nel loro significato più profondo, possono guidarci verso una società più consapevole e responsabile. Se tutti impariamo a vedere, sentire e parlare con maggiore attenzione, possiamo contribuire a un mondo migliore. La sfida è quella di non chiudere gli occhi di fronte ai problemi, ma di affrontarli con un senso di responsabilità e amore. Solo così potremo costruire una società in cui il bene prevale, non solo a livello individuale, ma collettivo.

Conclusione: un simbolo che invita all'azione consapevole

In conclusione, le Tre Scimmiette ci insegnano che il modo in cui vediamo, ascoltiamo e parliamo del mondo è fondamentale per costruire una vita più sana, relazioni più forti e una società più giusta. Piuttosto che rifugiarci in una visione passiva della vita, possiamo scegliere di essere consapevoli e responsabili in ogni nostra azione.

In un mondo che cambia rapidamente, le Tre Scimmiette rappresentano un faro di saggezza che ci invita a non agire d'impulso, ma con discernimento. E, se seguiamo questo cammino, possiamo essere parte di un cambiamento positivo, trasformando il nostro mondo, passo dopo passo, in un luogo migliore per noi stessi, per gli altri e per le generazioni future.

Le Tre Scimmiette come guida per un futuro migliore

L'insegnamento delle Tre Scimmiette non si limita solo alla riflessione individuale, ma può anche avere un impatto positivo e trasformativo a livello globale.
In un mondo che si trova ad affrontare sfide come il cambiamento climatico, le
disuguaglianze sociali e la diffusione di false informazioni, l'adozione dei principi
delle Tre Scimmiette può rappresentare un punto di partenza fondamentale per
un cambiamento collettivo.

1. Un mondo più etico e giusto

Le Tre Scimmiette non ci invitano a ignorare il male, ma a sviluppare una
coscienza critica per affrontarlo in modo equilibrato e costruttivo. In un mondo
che spesso premia l'indifferenza e il cinismo, le scimmiette ci esortano a essere
attivi nel fare la differenza, ma con discernimento. Possiamo tutti essere agenti
di cambiamento, affrontando le ingiustizie senza lasciarci travolgere dalla negatività, ma cercando di agire con saggezza e amore.

Le scimmiette, quindi, ci ricordano che **ognuno di noi ha una responsabilità** non solo nei confronti di sé stesso, ma anche degli altri e della collettività.
Quando scegliamo di non vedere, non sentire o non parlare del male in modo
cieco, ma in modo consapevole, possiamo promuovere un ambiente più giusto e
più equo.

2. La crescita attraverso il dialogo e la riflessione condivisa

Nel contesto della comunicazione globale, dove le informazioni sono continuamente scambiate e il dialogo è spesso polarizzato, le Tre Scimmiette ci invitano a riflettere sull'importanza di come comunichiamo. Non si tratta solo di parlare, ma di farlo in modo significativo e rispettoso. In un mondo dove le opinioni
sono spesso fortemente divise, imparare a **parlare con attenzione**, evitando
l'uso delle parole come strumento di divisione, può contribuire a ridurre conflitti e
promuovere una cultura di ascolto e cooperazione.

Inoltre, **l'ascolto critico** è essenziale: non dobbiamo semplicemente "sentire" ciò che ci viene detto, ma impegnarci a comprendere e ad approfondire le diverse prospettive. Questo non solo aiuta a costruire ponti, ma permette anche di
crescere come individui e come società.

3. Le Tre Scimmiette come paradigma per la sostenibilità globale

Il concetto di sostenibilità, che è ormai cruciale per il futuro del nostro pianeta, si lega strettamente ai principi delle Tre Scimmiette. In un'epoca di crescente crisi ambientale, dove i segnali di allarme sono sempre più evidenti, le scimmiette ci ricordano che l'indifferenza non è una soluzione.

- **Non vedere il problema ambientale**: È facile ignorare le sfide ecologiche, soprattutto quando sembrano troppo grandi per essere affrontate da un singolo individuo. Ma non vedere il problema equivale a fare finta che non esista. Con il nostro agire consapevole, possiamo contribuire a fermare il danno che stiamo infliggendo al nostro ecosistema.

- **Non sentire la gravità della situazione**: Per proteggere il nostro pianeta, dobbiamo ascoltare il grido d'aiuto dell'ambiente. Ogni piccolo gesto quotidiano che riduce il nostro impatto ecologico — dalla raccolta differenziata al consumo consapevole — è una forma di risposta a quella chiamata urgente.

- **Non parlare del cambiamento senza agire**: Le parole non bastano; occorrono azioni concrete per garantire un futuro sostenibile. Parlando di sostenibilità, ma soprattutto applicando scelte sostenibili nella nostra vita, possiamo influenzare positivamente la società.

4. La consapevolezza come principio guida nel contesto tecnologico

Le sfide odierne sono influenzate fortemente dall'avanzamento tecnologico. Le informazioni che condividiamo online e le interazioni digitali sono in grado di modellare opinioni e percezioni. Le Tre Scimmiette, nel contesto della tecnologia, ci insegnano che dobbiamo **vedere, sentire e parlare** in modo responsabile anche nell'ambito digitale.

- **Non vedere la realtà in modo distorto**: Le fake news, la disinformazione e l'influenza di algoritmi sui social media possono facilmente creare una visione distorta della realtà. Diventa cruciale allenarsi a riconoscere le informazioni verificate, evitando di farsi ingannare da ciò che appare convincente ma che in realtà non è veritiero.

- **Non sentire tutto ciò che circola**: Viviamo in un'era in cui siamo costantemente bombardati da contenuti. Non è sano né utile percepire tutto ciò che ci viene offerto. Imparare a filtrare le informazioni e a scegliere quelle che nutrono positivamente il nostro pensiero è una forma di protezione psicologica e intellettuale.

- **Non parlare senza consapevolezza**: Ogni parola che scriviamo, ogni commento che lasciamo sui social media, ha il potere di influenzare chi ci legge. Le parole, se non sono usate con responsabilità, possono alimentare la divisione o l'odio. Parlare con rispetto e consapevolezza è essenziale per costruire una comunità online più sana.

Le Tre Scimmiette come messaggio di speranza

Le Tre Scimmiette, pur rappresentando una sfida contro l'apatia e l'indifferenza, sono anche un simbolo di **speranza e possibilità**. In un mondo che può sembrare disorientato e difficile, il loro messaggio ci invita a credere che il cambiamento è possibile, a partire dalle piccole azioni quotidiane.

Riconoscere il male senza esserne sopraffatti, agire con compassione, filtrare il rumore negativo e usare la nostra voce per il bene può realmente fare la differenza. Le scimmiette ci ricordano che **ogni scelta conta**, e che attraverso l'azione consapevole possiamo tutti contribuire a un futuro più luminoso e più giusto.

Conclusione: una chiamata all'azione condivisa

Le Tre Scimmiette ci chiedono di **prendere posizione**, ma non in modo distruttivo o impulsivo, bensì con saggezza e consapevolezza. Ci invitano a vedere il mondo per quello che è, ad ascoltare con empatia, e a parlare con responsabilità. Se tutti adottassimo questo approccio, il mondo che ne deriverebbe sarebbe senza dubbio più equo, più pacifico e più in sintonia con i valori universali di giustizia, rispetto e sostenibilità.

Il cambiamento inizia da dentro di noi. Con ogni piccolo atto di discernimento, possiamo contribuire a un cambiamento globale che si fa strada, non attraverso il silenzio, ma attraverso un **parlare consapevole, vedere con chiarezza, e sentire con compassione**. In questo modo, possiamo diventare portatori di un messaggio di speranza che, come le Tre Scimmiette, ci esorta a costruire un mondo migliore, passo dopo passo.

Le Tre Scimmiette come strumento di trasformazione personale e collettiva

Le Tre Scimmiette, con il loro messaggio antico ma sempre attuale, offrono uno strumento potente per la trasformazione personale, sociale e globale. La loro applicazione non si limita alla riflessione individuale, ma è una chiamata all'azione che ci spinge a guardare, ascoltare e parlare con maggiore responsabilità, consapevolezza e amore.

1. La consapevolezza come chiave per la crescita personale

Uno dei principali insegnamenti delle Tre Scimmiette è che la consapevolezza è il primo passo per un cambiamento positivo. Quando diventiamo consapevoli di ciò che vediamo, sentiamo e diciamo, possiamo scegliere di fare scelte più deliberate e mirate per migliorare la nostra vita e quella degli altri. Questo tipo di consapevolezza si traduce in un approccio più equilibrato e ponderato nei confronti delle sfide quotidiane.

- **Non vedere solo i problemi, ma anche le soluzioni**: Quando ci troviamo di fronte a difficoltà, tendiamo a focalizzarci sui problemi, sui fallimenti e sulle limitazioni. Tuttavia, sviluppare la capacità di vedere anche le soluzioni ci permette di affrontare le difficoltà con una mente più aperta e ottimista. Invece di soffermarci sulla negatività, possiamo cercare opportunità di crescita, di apprendimento e di cambiamento.

- **Non sentire solo il dolore, ma anche la possibilità di guarire**: Ogni esperienza dolorosa o difficile contiene una lezione. Non dobbiamo ignorare le nostre emozioni, ma possiamo scegliere di non lasciare che esse ci paralizzino. Sentire senza esserne sopraffatti ci permette di rimanere centrati e di utilizzare il dolore come uno strumento di crescita e autocomprensione.

- **Non parlare solo di difficoltà, ma anche di speranza**: Le parole che usiamo modellano la nostra realtà e quella degli altri. Parlare di speranza, possibilità e cambiamento positivo non solo aiuta a sollevare il nostro spirito, ma ispira anche gli altri a fare lo stesso. Comunicare in modo positivo e proattivo ci aiuta a costruire relazioni più forti e a promuovere un ambiente più costruttivo.

2. Le Tre Scimmiette e la costruzione di una società consapevole

Le sfide globali, come il cambiamento climatico, le disuguaglianze sociali e la crescente polarizzazione politica, richiedono una nuova forma di impegno collettivo. Le Tre Scimmiette ci invitano a non rimanere spettatori passivi, ma a diventare attori consapevoli nella costruzione di un mondo più giusto e sostenibile.

- **Non vedere solo le divisioni, ma cercare punti di incontro**: In un mondo sempre più diviso, è facile concentrarsi sulle differenze e sui conflitti. Tuttavia, imparare a vedere anche ciò che ci unisce – i valori comuni, le esperienze condivise e gli obiettivi comuni – è fondamentale per costruire ponti e favorire la cooperazione tra diverse culture, comunità e nazioni.

- **Non sentire solo il peso delle sfide, ma anche il potere del cambiamento**: La consapevolezza delle difficoltà globali non deve portarci alla paralisi o alla disperazione. Al contrario, dobbiamo riconoscere che ogni piccolo cambiamento che facciamo può avere un impatto positivo e che il cambiamento è sempre possibile, a livello individuale, collettivo e globale.

- **Non parlare di paura e negatività, ma di azioni concrete**: Le parole possono alimentare la paura e l'incertezza, ma possono anche ispirare l'azione. Invece di parlare di ciò che non possiamo fare, dobbiamo concentrarci su ciò che possiamo cambiare, su come possiamo migliorare il nostro mondo e contribuire a risolvere i problemi che affrontiamo.

3. L'influenza delle Tre Scimmiette sulla comunità globale

Le Tre Scimmiette, se adottate a livello globale, potrebbero trasformare il nostro approccio alle crisi planetarie, alle disuguaglianze e alla comunicazione digitale. La loro filosofia può guidare la creazione di una **società globale più empatica, responsabile e orientata alla cooperazione**.

- **Non vedere il nostro mondo come separato, ma come un sistema interconnesso**: L'inquinamento, la povertà, la guerra e altre problematiche globali sono tutte manifestazioni di una stessa causa: la disconnessione tra l'essere umano e la natura, e tra gli esseri umani tra loro. Comprendere che siamo tutti interconnessi e che le azioni di ciascuno di noi influenzano l'intero sistema può motivarci a prendere decisioni più consapevoli e responsabili.

- **Non sentire la sofferenza degli altri come lontana, ma come parte della nostra stessa esistenza**: Il dolore e la sofferenza degli altri non devono essere ignorati o ridotti a statistiche, ma vanno vissuti come un'opportunità per agire. Sostenere le persone in difficoltà, lottare per i diritti umani e aiutare chi soffre non è solo un dovere morale, ma un'azione che arricchisce anche noi stessi.

- **Non parlare del cambiamento senza metterlo in pratica**: La speranza è fondamentale, ma senza azione non porta a nulla. Le parole che usiamo devono essere accompagnate da azioni concrete per portare il cambiamento che desideriamo vedere nel mondo. Le Tre Scimmiette ci sfidano a parlare con integrità, ma soprattutto ad agire con fermezza.

Conclusione: Un appello alla trasformazione globale

Le Tre Scimmiette, con il loro messaggio universale di consapevolezza, saggezza e amore, ci invitano a essere protagonisti del cambiamento, non solo nella nostra vita personale, ma anche nel contesto globale. Ci chiamano a riflettere su come possiamo vedere il mondo con occhi più chiari, come possiamo ascoltarlo con maggiore empatia e come possiamo parlare con responsabilità.

In un'epoca di crisi, divisione e incertezza, adottare l'insegnamento delle Tre Scimmiette è un atto di speranza. È un impegno a costruire una realtà dove le azioni positive superano le reazioni impulsive, dove l'ascolto reciproco porta a una comprensione più profonda e dove le parole, invece di dividere, diventano ponti di unità.

Il cammino verso una società più giusta, più pacifica e più sostenibile inizia con ognuno di noi. Ogni piccola azione, ogni scelta consapevole, ogni parola gentile è un seme di cambiamento che può crescere e trasformare il mondo. Se tutti adottiamo la filosofia delle Tre Scimmiette, possiamo davvero costruire un futuro migliore, per noi stessi, per gli altri e per le generazioni future.

4. Le Tre Scimmiette e l'educazione al cambiamento

Un altro aspetto fondamentale delle Tre Scimmiette è il loro potenziale come strumento educativo. Il loro messaggio di consapevolezza e saggezza può essere integrato nel sistema educativo, aiutando le nuove generazioni a sviluppare una mentalità più riflessiva e compassionevole.

Non vedere solo le difficoltà, ma anche le opportunità di apprendimento

Nel contesto educativo, il concetto di "non vedere il male" può essere reinterpretato come un invito a non focalizzarsi solo sugli errori o sulle difficoltà, ma a vederli come opportunità per crescere e migliorare. Insegnare agli studenti che ogni fallimento è una possibilità di apprendimento li prepara ad affrontare le sfide con una mentalità positiva e resiliente. L'insegnamento che si può ricavare da ogni esperienza — che sia positiva o negativa — è una delle chiavi per costruire una società che vede il cambiamento come una costante, non come un ostacolo.

Non sentire la paura del futuro, ma l'entusiasmo per il potenziale del cambiamento

Le nuove generazioni sono spesso confrontate con una grande incertezza riguardo al futuro, sia in termini ambientali che sociali. Il messaggio delle Tre Scimmiette invita a non sentire la paura che può derivare da questa incertezza, ma a sentirne invece l'opportunità di apportare cambiamenti significativi. Insegnare ai giovani a non essere sopraffatti dalla paura del futuro, ma a guardarlo come un campo fertile per l'innovazione e la crescita, è essenziale per preparare le future generazioni a essere leader consapevoli e positivi.

Non parlare di problemi senza proporre soluzioni

Nel mondo dell'educazione, è importante incoraggiare gli studenti a non limitarsi a parlare dei problemi, ma a concentrarsi anche sulle soluzioni. Insegnare la risoluzione dei problemi in modo pratico e creativo consente agli studenti di sviluppare competenze cruciali per affrontare le sfide della vita adulta. I giovani devono comprendere che non è sufficiente denunciare ciò che non va, ma che ciascuno di noi ha il potere di fare la differenza proponendo e attuando soluzioni concrete.

5. Le Tre Scimmiette come strumento di resilienza

Le sfide della vita sono inevitabili, ma la capacità di affrontarle con resilienza può fare la differenza tra il successo e la sconfitta. Le Tre Scimmiette, con la loro filosofia di consapevolezza, non ci esortano a ignorare il dolore o la difficoltà, ma a affrontarli in modo sano e ponderato.

Non vedere il dolore come una fine, ma come un passaggio verso la guarigione

La resilienza non è la capacità di evitare il dolore, ma quella di affrontarlo e superarlo. Le Tre Scimmiette ci invitano a non vedere la sofferenza come una fine, ma come una parte naturale del processo di crescita. Ogni esperienza difficile porta con sé una lezione che, se riconosciuta e accettata, può portarci a una maggiore forza interiore. Saper vedere il dolore come un passaggio verso la guarigione ci aiuta ad affrontare le sfide con speranza e determinazione.

Non sentire la solitudine nelle difficoltà, ma la connessione con gli altri

Spesso, nelle situazioni di difficoltà, ci sentiamo isolati e soli. Tuttavia, le Tre Scimmiette ci ricordano che nessuno di noi è veramente solo nelle proprie difficoltà. L'invito a non sentire la solitudine, ma a cercare la connessione con gli altri, è un richiamo alla solidarietà e all'empatia. Quando affrontiamo i momenti bui della vita, possiamo trovare forza nel supporto e nella comprensione reciproca. La resilienza non è solo un processo individuale, ma collettivo, dove l'aiuto e il sostegno degli altri sono essenziali per superare le difficoltà.

Non parlare di fallimento, ma di possibilità di rialzarsi

Le parole che usiamo hanno un impatto profondo sul nostro stato mentale e sul nostro comportamento. Le Tre Scimmiette ci insegnano a non parlare di fallimento come di una fine, ma come di una possibilità di rialzarsi e ricominciare. Ogni volta che cadiamo, possiamo scegliere di vedere la situazione come un'opportunità per migliorare e crescere. In questo modo, possiamo trasformare il nostro atteggiamento verso le difficoltà, passando dalla paura del fallimento alla fiducia nel nostro potenziale di recupero.

6. Le Tre Scimmiette come simbolo di spiritualità e consapevolezza universale

Le Tre Scimmiette, pur essendo radicate in un contesto culturale specifico, hanno un valore universale che trascende le religioni, le culture e le tradizioni. In molte religioni e filosofie, l'invito a vedere, sentire e parlare in modo consapevole è presente come una via per il risveglio spirituale e l'illuminazione.

Non vedere l'illusione, ma la verità dentro di noi

In molte tradizioni spirituali, l'illusione è vista come la causa della sofferenza umana. Le Tre Scimmiette, in un contesto spirituale, ci invitano a "non vedere" ciò che è illusorio o superficiale, ma a cercare la verità che risiede dentro di noi. Questo implica un processo di auto-riflessione e consapevolezza interiore che ci aiuta a comprendere chi siamo veramente e a liberarci dai condizionamenti esterni.

Il viaggio verso la verità è una ricerca che parte dall'interno e che ci guida verso un'esistenza più autentica e serena.

Non sentire il mondo materiale come l'unica realtà, ma riconoscere la dimensione spirituale

Molto spesso siamo intrappolati nelle preoccupazioni quotidiane e nel mondo materiale, dimenticando che c'è una dimensione spirituale che ci connette tutti. Le Tre Scimmiette ci invitano a non "sentire" solo le sollecitazioni del mondo esterno, ma a percepire anche la presenza di un'energia universale che ci unisce e ci sostiene. Questa consapevolezza spirituale ci permette di vivere con maggiore serenità e di affrontare le difficoltà con una visione più profonda e pacifica.

Non parlare solo di sé stessi, ma dell'interconnessione di tutte le cose

Le parole che usiamo per descrivere il nostro mondo hanno il potere di creare realtà. Le Tre Scimmiette ci incoraggiano a non parlare solo di noi stessi, ma a riconoscere l'interconnessione di tutte le cose. Ogni parola che pronunciamo ha un impatto su noi stessi e sugli altri, e quindi dovremmo parlare con una consapevolezza che riconosce la nostra connessione con l'intero universo. Questo tipo di linguaggio, basato sulla compassione e sulla comprensione reciproca, può contribuire alla pace interiore e alla pace del mondo.

Conclusione: Le Tre Scimmiette come via per la trasformazione globale e individuale

Le Tre Scimmiette sono più di un semplice simbolo. Esse rappresentano una via per la consapevolezza, l'equilibrio e la trasformazione, sia a livello personale che collettivo. In un mondo che è in continua evoluzione, dove le sfide sono sempre più complesse, le Tre Scimmiette ci invitano a vivere con maggiore attenzione, a vedere il mondo con occhi più saggi, a sentire con empatia e a parlare con responsabilità.

Se ogni individuo, ogni comunità e ogni nazione adotta questo principio di consapevolezza, possiamo realmente costruire un futuro più pacifico, giusto e sostenibile. L'insegnamento delle Tre Scimmiette è un invito a trasformare la nostra realtà, passo dopo passo, creando un mondo dove il rispetto, l'amore e la comprensione reciproca sono alla base di ogni nostra azione.

Il cambiamento è possibile, e inizia con ogni singola scelta che facciamo ogni giorno. Se riusciamo a "vedere" con chiarezza, "sentire" con compassione e "parlare" con consapevolezza, possiamo costruire insieme una realtà più luminosa per noi stessi e per le generazioni future.

7. Le Tre Scimmiette e il Potere del Silenzio

Un altro aspetto cruciale del messaggio delle Tre Scimmiette è la potenza del silenzio. Nella nostra società frenetica, in cui siamo costantemente bombardati da informazioni, rumori e stimoli, il silenzio diventa uno strumento fondamentale per la riflessione, la consapevolezza e il cambiamento. Le Tre Scimmiette ci insegnano a scegliere quando parlare e quando ascoltare in silenzio, quando osservare senza giudicare e quando semplicemente essere presenti.

Non vedere senza comprendere, ma fermarsi a riflettere

Il silenzio ci invita a fare una pausa e a non reagire impulsivamente a ciò che vediamo. Quando ci troviamo di fronte a una situazione difficile o complessa, possiamo scegliere di fermarci, riflettere e raccogliere le informazioni necessarie prima di reagire. Non sempre è necessario intervenire subito. A volte, il silenzio offre lo spazio necessario per comprendere meglio e per prendere decisioni più sagge.

Non sentire il bisogno di rispondere, ma di ascoltare veramente

Nel nostro mondo odierno, l'arte dell'ascolto sembra spesso sottovalutata. Le persone tendono a rispondere prima di aver veramente ascoltato l'altro. Le Tre Scimmiette ci insegnano che non è necessario parlare sempre o rispondere subito. A volte, il miglior modo di "sentire" è quello di ascoltare senza interrompere, di permettere agli altri di esprimersi e di comprendere appieno il loro punto di vista. L'ascolto attivo e consapevole è una forma di rispetto e di empatia che arricchisce le relazioni umane.

Non parlare senza consapevolezza, ma scegliere le parole con cura

Nel nostro quotidiano, le parole che usiamo hanno un impatto profondo sugli altri e su noi stessi. Spesso parliamo senza riflettere sulle conseguenze di ciò che diciamo. Le Tre Scimmiette ci invitano a parlare con maggiore consapevolezza, scegliendo le parole con cura. Parole gentili e piene di rispetto possono cambiare la direzione di una conversazione, portare pace in un conflitto e promuovere il benessere nelle relazioni. Il silenzio, quindi, non è solo assenza di parole, ma anche una forma di saggezza, di scelta e di intenzionalità.

8. Le Tre Scimmiette e la Cura della Natura

Un altro livello di applicazione del messaggio delle Tre Scimmiette riguarda il nostro rapporto con la natura e l'ambiente. In un'epoca in cui il nostro pianeta è messo a dura prova dai cambiamenti climatici, la distruzione degli ecosistemi e l'inquinamento, l'insegnamento delle Tre Scimmiette ci invita a essere più consapevoli delle nostre azioni nei confronti dell'ambiente che ci circonda.

Non vedere la natura come una risorsa da sfruttare, ma come una forma di vita da rispettare

Le Tre Scimmiette ci insegnano a guardare il mondo naturale non come una risorsa da utilizzare a nostro piacimento, ma come un sistema interconnesso di vita che merita rispetto e protezione. Ogni albero, ogni fiume, ogni creatura vivente ha un ruolo importante nell'equilibrio del pianeta, e dobbiamo imparare a vederli con occhi di rispetto, non come oggetti da sfruttare, ma come esseri viventi con cui siamo in relazione. La consapevolezza ecologica è fondamentale per preservare il nostro ambiente e garantire un futuro sostenibile per le generazioni future.

Non sentire l'inquinamento come qualcosa che non ci riguarda, ma come una minaccia globale

L'inquinamento ambientale è una delle sfide più gravi che affrontiamo oggi. Non possiamo più permetterci di ignorare i segnali di allarme che provengono dalla natura. Le Tre Scimmiette ci esortano a non "sentire" l'inquinamento come qualcosa di distante, ma come una minaccia che riguarda tutti noi, in quanto esseri interconnessi e dipendenti da un ambiente sano. Ogni azione che compiamo ha un impatto sull'ecosistema, e quindi dobbiamo imparare a fare scelte più consapevoli in tutti gli aspetti della nostra vita, dal consumo alle abitudini quotidiane.

Non parlare di cambiamento senza agire, ma intraprendere azioni concrete per proteggere la Terra

Parlare di sostenibilità e di protezione dell'ambiente è importante, ma le parole devono essere accompagnate da azioni concrete. Le Tre Scimmiette ci invitano a non limitarsi a parlare di cambiamento senza impegnarci personalmente a fare la nostra parte. Ogni piccola azione, come ridurre i rifiuti, usare meno plastica, risparmiare energia, o piantare alberi, può contribuire a fare la differenza. La cura della Terra è una responsabilità che abbiamo nei confronti della nostra specie, ma anche di tutte le altre forme di vita con cui condividiamo il pianeta.

9. Le Tre Scimmiette come Modello di Leadership

Le Tre Scimmiette non sono solo un modello per la vita quotidiana, ma anche un potente esempio di leadership. I leader che adottano questi principi sono in grado di guidare con saggezza, empatia e integrità, costruendo relazioni basate sulla fiducia e sul rispetto reciproco.

Non vedere solo il potere, ma la responsabilità che esso comporta

I veri leader non cercano solo il potere, ma sono consapevoli della responsabilità che questo comporta. Le Tre Scimmiette ci invitano a non "vedere" il potere come un fine, ma come un mezzo per servire gli altri e fare del bene. Un buon leader è quello che sa quando fare un passo indietro per ascoltare gli altri, sa come agire con saggezza, e non usa il potere per il proprio interesse, ma per il bene comune.

Non sentire il peso della solitudine, ma cercare il supporto della comunità

La leadership può essere un compito solitario, ma i leader più efficaci non affrontano mai le sfide da soli. Sanno che il successo dipende dalla collaborazione e dal sostegno della comunità. Le Tre Scimmiette ci ricordano di non "sentire" la solitudine come una condanna, ma come una possibilità di costruire alleanze e lavorare insieme agli altri per raggiungere obiettivi comuni. Un leader forte è quello che sa valorizzare le risorse collettive e costruire un team coeso.

Non parlare di visioni senza condividerle, ma ispirare gli altri con parole di speranza e azioni concrete

Un leader non può guidare senza una visione chiara del futuro, ma deve anche essere in grado di condividere questa visione in modo che gli altri possano sentirsi motivati e coinvolti. Le Tre Scimmiette ci insegnano a "parlare" di speranza e di opportunità, non solo di difficoltà, e ad agire concretamente per trasformare la visione in realtà. La leadership autentica si basa sulla capacità di ispirare gli altri, di creare fiducia e di agire con integrità.

Conclusione Finale: L'Impatto delle Tre Scimmiette nel Mondo di Oggi

Le Tre Scimmiette ci offrono un insegnamento universale che può essere applicato in ogni ambito della nostra vita. La loro saggezza ci invita a vivere con maggiore consapevolezza, a comunicare in modo responsabile, a rispettare gli altri e l'ambiente, e a prendere azioni concrete per il cambiamento positivo. In un mondo in continua evoluzione e in un'epoca di sfide globali, il messaggio delle Tre Scimmiette è più rilevante che mai.

Adottare il loro principio nella vita quotidiana è un atto di responsabilità verso se stessi, verso gli altri e verso il nostro pianeta. Le Tre Scimmiette ci esortano a vedere la realtà con occhi più chiari, a sentire con il cuore e a parlare con saggezza. Se ogni persona, ogni comunità e ogni leader si impegna a vivere secondo questi principi, possiamo davvero costruire un mondo più giusto, pacifico e sostenibile. La trasformazione inizia con ciascuno di noi, e il messaggio delle Tre Scimmiette è un faro che ci guida verso un futuro migliore.

10. Le Tre Scimmiette e il Loro Ruolo nella Psicologia e nella Crescita Personale

Le Tre Scimmiette sono più di un simbolo culturale o religioso: sono anche un potente strumento per la crescita personale. In psicologia, i principi racchiusi nel loro insegnamento possono aiutarci a sviluppare una maggiore consapevolezza di noi stessi e delle nostre reazioni. Adottando questi principi, possiamo vivere in modo più autentico, affrontare le difficoltà con maggiore serenità e migliorare il nostro benessere psicologico.

Non vedere la nostra realtà attraverso il filtro del giudizio, ma con apertura mentale

Le Tre Scimmiette ci insegnano a non giudicare immediatamente ciò che vediamo. Spesso, tendiamo a interpretare le situazioni e le persone attraverso i nostri pregiudizi e le nostre aspettative, senza fermarci a riflettere sulla realtà in modo obiettivo. Il principio di "non vedere" ci invita a rimanere aperti e a guardare senza preconcetti, cercando di comprendere la vera essenza di ciò che ci circonda. Questo approccio aiuta a sviluppare una mentalità più aperta e flessibile, riducendo il rischio di ansia e stress derivante da interpretazioni errate o superficiali della realtà.

Non sentire le emozioni senza consapevolezza, ma riconoscerle per ciò che sono

Le emozioni sono una parte fondamentale della nostra esperienza quotidiana, ma spesso non siamo in grado di gestirle consapevolmente. Le Tre Scimmiette ci invitano a non "sentire" le emozioni senza fermarci a riflettere su di esse. Invece di reagire impulsivamente alla rabbia, alla tristezza o alla frustrazione, possiamo imparare a riconoscere e accettare queste emozioni, senza giudicarle o reprimerle. Con la consapevolezza delle nostre emozioni, possiamo decidere come rispondere in modo più equilibrato, riducendo l'impatto negativo che esse possono avere sulla nostra vita.

Non parlare senza considerare l'impatto delle nostre parole, ma comunicare con empatia e chiarezza

La comunicazione è uno degli strumenti più potenti che abbiamo per interagire con gli altri e costruire relazioni significative. Le parole che usiamo possono rafforzare i legami o ferire profondamente. Le Tre Scimmiette ci ricordano di parlare con consapevolezza e responsabilità. Non si tratta solo di scegliere le parole giuste, ma anche di comunicare con empatia e comprensione, mettendoci nei panni degli altri. Una comunicazione chiara e gentile promuove relazioni più sane e una maggiore armonia nella vita quotidiana.

11. *Le Tre Scimmiette nella Guarigione Spirituale e Mentale*

Nel processo di guarigione, sia a livello fisico che mentale, l'approccio delle Tre Scimmiette offre una guida essenziale. La guarigione, in molte tradizioni, non è solo un processo esteriore ma una trasformazione interiore che avviene quando ci liberiamo dai traumi e dalle emozioni negative, e quando sviluppiamo una connessione profonda con il nostro io più autentico.

Non vedere il passato come una condanna, ma come un'opportunità per imparare

Molti di noi portano con sé il peso del passato: rimpianti, ferite emotive, errori. Le Tre Scimmiette ci invitano a non "vedere" il passato come una condanna che ci definisce, ma come un'occasione di crescita e riflessione. La guarigione avviene quando smettiamo di identificarci con le nostre sofferenze passate e iniziamo a considerarle come lezioni che ci hanno reso più forti e saggi. Riconoscere che il nostro passato non determina il nostro futuro ci dà la libertà di vivere nel presente e di costruire una vita migliore.

Non sentire la paura del cambiamento, ma abbracciarlo come parte del processo di guarigione

Il cambiamento può essere spaventoso, soprattutto quando riguarda il nostro benessere mentale e fisico. Tuttavia, la guarigione non è possibile senza cambiamento. Le Tre Scimmiette ci insegnano a non "sentire" la paura del cambiamento, ma a vederlo come una fase naturale e necessaria del processo di crescita. La consapevolezza che il cambiamento è inevitabile e positivo ci aiuta ad affrontare le difficoltà con maggiore coraggio e apertura, accogliendo le opportunità di crescita che si presentano.

Non parlare delle nostre ferite come una sofferenza, ma come un passo verso la nostra forza interiore

Le parole che usiamo per descrivere le nostre esperienze hanno un potere enorme. Parlando delle nostre ferite e dei nostri traumi come qualcosa che ci ha "spezzato", possiamo rimanere intrappolati in una narrazione negativa. Le Tre Scimmiette ci invitano a parlare delle nostre esperienze dolorose come di passaggi necessari che ci hanno permesso di sviluppare una maggiore forza interiore. Riformulare la nostra storia in modo positivo è un passo fondamentale verso la guarigione, poiché ci permette di vedere il nostro viaggio come un processo di crescita, non come una sofferenza permanente.

12. Le Tre Scimmiette nel Mondo del Lavoro e della Produttività

Le dinamiche di lavoro moderne sono spesso caratterizzate da stress, competizione e frenesia. Tuttavia, le lezioni delle Tre Scimmiette possono aiutarci a creare ambienti di lavoro più sani e produttivi, in cui l'equilibrio tra vita professionale e personale è una priorità.

Non vedere solo la produttività come obiettivo, ma il benessere come fine ultimo

Nel mondo del lavoro, la produttività è spesso vista come l'unico indicatore di successo. Tuttavia, Le Tre Scimmiette ci insegnano a non "vedere" solo i risultati tangibili e immediati, ma a considerare il benessere come l'obiettivo finale. Un ambiente di lavoro che promuove la salute mentale e fisica dei suoi membri è più produttivo a lungo termine. Il benessere delle persone deve essere una priorità per i leader, e la consapevolezza di questo principio può trasformare la cultura aziendale, creando un luogo di lavoro più armonioso e soddisfacente per tutti.

Non sentire la pressione come un nemico, ma come un'opportunità di crescita

Le sfide e la pressione sono inevitabili nel mondo del lavoro. Tuttavia, Le Tre Scimmiette ci invitano a non "sentire" la pressione come un nemico, ma come una possibilità di sviluppare nuove competenze, affrontare difficoltà e crescere. La consapevolezza che ogni sfida è una possibilità di apprendimento aiuta a ridurre l'ansia e a favorire una maggiore resilienza. Adottando questa prospettiva, possiamo affrontare le difficoltà con una mentalità di crescita, piuttosto che come ostacoli insormontabili.

Non parlare di competizione, ma di collaborazione

Nel mondo lavorativo, la competizione è spesso vista come una motivazione per il successo. Tuttavia, Le Tre Scimmiette ci insegnano a non "parlare" di competizione in termini di rivalità distruttiva, ma di collaborazione. Lavorare insieme, condividere idee e risorse, e sostenersi a vicenda è la chiave per un successo sostenibile. Quando creiamo un ambiente che privilegia la cooperazione rispetto alla competizione, i risultati sono più duraturi e il clima di lavoro più positivo.

Conclusione Finale: La Trasformazione Globale Inizia da Noi

Le Tre Scimmiette, con il loro messaggio di consapevolezza e saggezza, offrono un potente strumento di cambiamento non solo a livello personale, ma anche collettivo. *Adottando il principio di "non vedere, non sentire, non parlare" in modo consapevole e positivo, possiamo migliorare le nostre vite, le nostre comunità e, infine, il mondo intero.*

In ogni ambito della nostra esistenza, dal lavoro alla spiritualità, dalla salute mentale alla gestione delle relazioni interpersonali, possiamo trarre vantaggio da questi insegnamenti, applicandoli per vivere in modo più equilibrato, consapevole e compassionevole. La trasformazione che desideriamo nel mondo inizia con ciascuno di noi. Se facciamo nostre le lezioni delle Tre Scimmiette, possiamo essere i catalizzatori di un cambiamento positivo che si diffonde dalle nostre azioni quotidiane, rendendo il nostro mondo un luogo migliore per tutti.

13. *Le Tre Scimmiette e l'Intelligenza Emotiva*

Un altro ambito in cui le Tre Scimmiette possono essere particolarmente utili è quello dell'intelligenza emotiva, un concetto che si riferisce alla nostra capacità di riconoscere, comprendere, e gestire le emozioni nostre e altrui. Le emozioni influenzano profondamente le nostre decisioni, comportamenti e relazioni. Le Tre Scimmiette, con il loro invito al silenzio, alla consapevolezza e alla responsabilità, ci offrono un percorso per migliorare la nostra intelligenza emotiva, rendendoci più consapevoli delle nostre reazioni emotive e più abili nella gestione dei conflitti.

Non vedere le emozioni come qualcosa da evitare, ma come strumenti di comprensione

Le emozioni sono spesso viste come qualcosa di negativo o da evitare, ma Le Tre Scimmiette ci insegnano che non dovremmo "vedere" le emozioni come ostacoli, ma come strumenti per comprendere meglio noi stessi e gli altri. Ogni emozione ha un messaggio, e imparare a riconoscere il messaggio che si nasconde dietro un'emozione come la rabbia, la tristezza o la paura ci aiuta a diventare più empatici. Le emozioni ci indicano le nostre necessità, i nostri desideri e i nostri limiti, e possono diventare una guida preziosa se impariamo a "vederle" con consapevolezza.

Non sentire la necessità di reprimere le emozioni, ma di accoglierle con equilibrio

Molte persone tendono a reprimere le emozioni, convinte che mostrarle sia un segno di debolezza. Le Tre Scimmiette ci ricordano che non è necessario "sentire" le emozioni in modo impulsivo o esagerato, ma piuttosto imparare a "sentirle" e accoglierle con equilibrio. Riconoscere le emozioni senza lasciarsi sopraffare da esse ci permette di reagire in modo più misurato e appropriato. Accogliere le emozioni come parte di noi, senza giudicarle, è il primo passo per sviluppare una maggiore intelligenza emotiva.

Non parlare delle emozioni in modo distruttivo, ma con consapevolezza e gentilezza

Le parole che scegliamo quando parliamo delle nostre emozioni possono fare la differenza. Invece di esprimere le nostre emozioni in modo distruttivo o impulsivo, Le Tre Scimmiette ci invitano a "parlare" delle nostre emozioni con consapevolezza e gentilezza, sia con noi stessi che con gli altri. Questo approccio non solo ci aiuta a risolvere i conflitti in modo costruttivo, ma promuove anche una comunicazione più sana e rispettosa, che favorisce la comprensione reciproca.

14. Le Tre Scimmiette nell'Educazione e nella Formazione

Nel campo dell'educazione, l'insegnamento delle Tre Scimmiette può essere un potente strumento per aiutare le nuove generazioni a sviluppare una maggiore consapevolezza sociale e individuale. Insegnare ai bambini e agli adolescenti a "non vedere", "non sentire" e "non parlare" con una consapevolezza positiva può aiutarli a diventare adulti più equilibrati e responsabili, capaci di affrontare le sfide della vita con una mente aperta, un cuore gentile e una comunicazione sana.

Non vedere solo i fallimenti, ma anche le opportunità di crescita

Un principio importante nell'educazione è il concetto di fallimento come opportunità di crescita. Spesso, gli studenti e i giovani sono spinti dalla paura di fallire e dai giudizi negativi. Le Tre Scimmiette ci invitano a "non vedere" il fallimento come una condanna, ma come una parte naturale e preziosa del processo di apprendimento. Gli errori ci insegnano lezioni importanti e ci permettono di crescere, e riconoscere questo può liberare i giovani dalla paura e dalla vergogna, incoraggiandoli ad affrontare le difficoltà con coraggio e perseveranza.

Non sentire la competizione come minaccia, ma come stimolo a migliorarsi

In molti contesti educativi, la competizione è una forza dominante. Tuttavia, spesso la competizione può portare a invidie, rivalità e stress. Le Tre Scimmiette ci insegnano che "non sentire" la competizione come una minaccia è un passo fondamentale per favorire una crescita sana. La vera crescita non deriva dal confronto con gli altri, ma dal confronto con noi stessi. Insegnare ai giovani a concentrarsi sulla propria crescita personale piuttosto che su quella degli altri può portare a una maggiore autostima e a una mentalità di cooperazione invece che di rivalità.

Non parlare di negatività, ma di possibilità e soluzioni

Nel contesto educativo, è facile cadere nella trappola del pensiero negativo, specialmente quando ci sono difficoltà o insuccessi. Tuttavia, Le Tre Scimmiette ci incoraggiano a "non parlare" in termini di negatività o lamentele, ma di possibilità e soluzioni. Adottare un linguaggio positivo, che focalizzi l'attenzione sulle soluzioni piuttosto che sui problemi, incoraggia una mentalità proattiva e resiliente. Questo approccio aiuta a formare individui più ottimisti, creativi e pronti ad affrontare le sfide con un atteggiamento positivo.

15. Le Tre Scimmiette come Metafora della Pace Mondiale

A livello globale, il messaggio delle Tre Scimmiette può essere visto come un invito alla pace. In un mondo in cui conflitti politici, guerre e divisioni sembrano essere all'ordine del giorno, le Tre Scimmiette ci esortano a considerare una via di pace, in cui la consapevolezza, la responsabilità e la comunicazione positiva giocano ruoli chiave.

Non vedere il conflitto come una soluzione, ma come una divisione che va evitata

Molti conflitti nascono dalla mancanza di comprensione o dalla visione parziale della realtà. Le Tre Scimmiette ci invitano a "non vedere" il conflitto come una soluzione, ma come un punto di divisione da superare. La pace non si costruisce tramite la guerra o la violenza, ma attraverso il dialogo, la comprensione reciproca e la volontà di risolvere le differenze con rispetto e apertura. Imparare a vedere il conflitto come un'opportunità di risoluzione pacifica è fondamentale per promuovere una cultura della pace.

Non sentire la separazione come inevitabile, ma come una sfida da superare

Il mondo è diviso da molteplici linee di separazione, che siano politiche, religiose, culturali o economiche. Le Tre Scimmiette ci incoraggiano a "non sentire" questa separazione come inevitabile, ma come una sfida da superare. Le barriere tra le persone e le nazioni possono sembrare insormontabili, ma con il giusto atteggiamento di empatia e cooperazione, possiamo abbatterle. La comprensione reciproca e il rispetto per le diversità sono fondamentali per costruire una pace duratura.

Non parlare di guerra, ma di unione e cooperazione

Le parole che usiamo hanno il potere di creare mondi. Parlare di guerra, di divisioni e di conflitti perpetua la negatività e l'odio. Le Tre Scimmiette ci invitano a "non parlare" di guerra o di violenza, ma di unione e cooperazione. Solo quando ci concentriamo sul costruire ponti tra le persone, piuttosto che muri, possiamo sperare in un futuro di pace globale. La pace inizia con le parole, e le parole di pace sono quelle che ci uniscono e ci spingono ad agire in modo costruttivo.

Conclusione Finale: Il Potere delle Tre Scimmiette nella Costruzione di un Futuro Migliore

Le Tre Scimmiette sono un simbolo universale che ci invita a riflettere sulle nostre azioni e scelte quotidiane. L'insegnamento che ci offrono va ben oltre l'invito a "non vedere, non sentire, non parlare": è un richiamo alla consapevolezza, alla gentilezza e alla responsabilità che dobbiamo assumerci nei confronti di noi stessi, degli altri e del mondo. Se applicato in ogni aspetto della nostra vita, il messaggio delle Tre Scimmiette ha il potenziale di trasformare il nostro modo di vivere, di relazionarci e di interagire con il mondo.

Dalla crescita personale alla creazione di ambienti più sani e produttivi, dalla promozione della pace mondiale alla cura dell'ambiente, le Tre Scimmiette ci insegnano che, attraverso piccole scelte quotidiane di consapevolezza e responsabilità, possiamo contribuire a costruire un mondo più armonioso, giusto e compassionevole.

Il cambiamento inizia con ciascuno di noi, e il messaggio delle Tre Scimmiette è una guida luminosa che ci accompagna lungo il nostro cammino verso un futuro migliore per tutti.

16. Le Tre Scimmiette e la Consapevolezza Ambientale

Il concetto delle Tre Scimmiette può essere applicato anche alla nostra relazione con l'ambiente e la natura. Oggi, in un'epoca di crisi ecologica globale, l'invito a "non vedere, non sentire, non parlare" può fungere da guida per sensibilizzare le persone alla protezione del nostro pianeta. Se adottato, questo principio ci aiuta a riconoscere l'importanza di agire con maggiore responsabilità verso l'ambiente, cercando di evitare l'indifferenza, l'ignoranza e l'inazione che contribuiscono al degrado ambientale.

Non vedere l'ambiente come qualcosa di separato da noi, ma come parte di noi stessi

Molti trattano l'ambiente naturale come qualcosa di esterno e separato dalla loro vita quotidiana. Le Tre Scimmiette ci suggeriscono di "non vedere" la natura come un'entità distante, ma come un bene fondamentale di cui facciamo parte. Quando riconosciamo che il nostro benessere è intrinsecamente legato a quello dell'ambiente, sviluppiamo una maggiore responsabilità nelle nostre scelte quotidiane, come ridurre l'uso di plastica, consumare consapevolmente e proteggere la biodiversità. L'integrazione di questo principio porta a una visione più olistica del nostro impatto sul pianeta.

Non sentire l'urgenza di ignorare i problemi ambientali, ma di affrontarli con consapevolezza

Spesso, molti tendono a ignorare o minimizzare i problemi ambientali, come il cambiamento climatico, la deforestazione e l'inquinamento, magari per paura o per un senso di impotenza. Le Tre Scimmiette ci esortano a "non sentire" l'urgenza di chiudere gli occhi di fronte a queste sfide globali, ma ad affrontarle con consapevolezza e responsabilità. Ogni piccolo gesto che compiamo, come ridurre i consumi energetici, privilegiare la mobilità sostenibile o piantare alberi, contribuisce a un cambiamento positivo. In questo modo, possiamo sviluppare un senso di urgenza sano, che non nasce dalla paura, ma dalla consapevolezza che ogni azione conta.

Non parlare di cambiamento climatico come di una minaccia, ma come di un'opportunità per innovare

La narrazione sul cambiamento climatico è spesso caratterizzata da toni allarmistici e negativi. Tuttavia, Le Tre Scimmiette ci invitano a "non parlare" di queste sfide solo come di minacce, ma anche come di opportunità per innovare e trovare soluzioni creative.

La crisi climatica può spingerci a ripensare i nostri modelli economici, le nostre politiche energetiche e la nostra vita quotidiana. Piuttosto che temere il cambiamento, possiamo vederlo come un'opportunità per costruire un futuro più sostenibile, in cui la tecnologia verde, la consapevolezza ecologica e la collaborazione globale giocano un ruolo centrale.

17. Le Tre Scimmiette e il Ruolo della Cultura e dei Media nella Formazione della Società

I media e la cultura hanno un'influenza enorme nel plasmare le nostre percezioni e comportamenti. Le Tre Scimmiette, applicate a questo contesto, ci offrono uno strumento critico per comprendere come i contenuti che consumiamo possano contribuire a una visione del mondo sana e positiva, o al contrario, perpetuare disuguaglianze, stereotipi e conflitti.

Non vedere i media come una realtà assoluta, ma come una narrazione da decodificare

I media spesso presentano storie, immagini e narrazioni che possono influenzare profondamente il nostro modo di vedere il mondo. Le Tre Scimmiette ci insegnano a "non vedere" i media come un'autorità indiscutibile, ma come una narrazione che possiamo e dobbiamo decodificare. La consapevolezza critica è fondamentale in un mondo in cui le notizie e le immagini spesso vengono manipolate o distorte. Imparare a leggere tra le righe, a riconoscere i bias nei media e a cercare fonti affidabili è un passo importante per formarsi una visione equilibrata e informata.

Non sentire il bisogno di seguire tendenze superficiali, ma di promuovere contenuti positivi

Oggi i social media e la cultura popolare diffondono spesso tendenze effimere e superficialità, che possono influenzare negativamente la nostra autostima e il nostro comportamento. Le Tre Scimmiette ci insegnano a "non sentire" la pressione di seguire tendenze che non rispecchiano i nostri valori. Invece, possiamo scegliere di sostenere contenuti che promuovono valori positivi, come l'inclusività, l'educazione, la giustizia sociale e la sostenibilità. In questo modo, possiamo contribuire a un cambiamento culturale che valorizza l'autenticità e la crescita personale, piuttosto che la conformità a standard esterni e superficiali.

Non parlare di divisioni, ma di unità e comprensione

Molti contenuti nei media sono progettati per creare divisioni: tra gruppi etnici, tra ideologie politiche, tra classi sociali. Le Tre Scimmiette ci invitano a "non parlare" di queste divisioni in modo polarizzante, ma a promuovere un linguaggio di unità e comprensione.

La cultura può essere uno strumento potente per costruire ponti tra le persone e abbattere le barriere che ci separano. Invece di esaltare le differenze, possiamo focalizzarci su ciò che ci unisce, incoraggiando il dialogo interculturale e intergenerazionale, e creando una società più inclusiva.

18. Le Tre Scimmiette e la Ricerca della Felicità Autentica

Nel mondo moderno, la ricerca della felicità è spesso influenzata da aspettative irrealistiche e da desideri materialistici. Le Tre Scimmiette, con il loro approccio riflessivo e consapevole, offrono un percorso verso una felicità più autentica e duratura, basata sulla crescita interiore e sulla connessione con gli altri.

Non vedere la felicità come un obiettivo esteriore, ma come uno stato interiore

Molti cercano la felicità in cose esterne: successo professionale, ricchezza materiale, status sociale. Tuttavia, Le Tre Scimmiette ci invitano a "non vedere" la felicità come qualcosa che dipende esclusivamente da fattori esterni, ma come uno stato interiore che nasce dalla consapevolezza di sé, dal senso di gratitudine e dalla pace interiore. La vera felicità non risiede nel possesso di cose, ma nella nostra capacità di apprezzare il presente e di coltivare una mente equilibrata e serena.

Non sentire la necessità di competere con gli altri, ma di essere in pace con se stessi

La società moderna spesso ci spinge a competere con gli altri per ottenere ciò che desideriamo. Tuttavia, Le Tre Scimmiette ci insegnano a "non sentire" il bisogno di competere o di misurare il nostro valore in base a quello degli altri. La felicità autentica arriva quando impariamo ad essere in pace con noi stessi, accettando chi siamo senza bisogno di confrontarci costantemente con gli altri. Solo così possiamo sviluppare una forma di felicità che non dipenda da risultati esterni, ma dalla nostra capacità di vivere in armonia con noi stessi.

Non parlare della felicità come un'aspettativa, ma come un viaggio continuo

Spesso vediamo la felicità come un traguardo da raggiungere, un obiettivo finale. Le Tre Scimmiette ci invitano a "non parlare" della felicità come un punto fisso da conquistare, ma come un viaggio continuo. La felicità non è qualcosa che possiamo ottenere una volta per tutte, ma è un processo di crescita, di consapevolezza e di cura di noi stessi e degli altri. Ogni passo che facciamo lungo questo percorso ci avvicina a una forma di felicità più profonda e autentica, che risiede nelle piccole cose della vita quotidiana.

Conclusione Finale: Un Mondo Più Consapevole con le Tre Scimmiette

Le Tre Scimmiette ci offrono un potente strumento per vivere una vita più consapevole, equilibrata e responsabile. I principi di "non vedere, non sentire, non parlare" non sono inviti a ignorare la realtà, ma a guardarla, sentirla e parlarne con maggiore consapevolezza e compassione. Adottare questi principi può portare a una trasformazione profonda, che non solo migliora la nostra vita quotidiana, ma contribuisce anche a creare un mondo più giusto, sostenibile e pacifico.

In ogni aspetto della nostra vita, dalle relazioni personali alla gestione dei conflitti, dall'approccio al benessere fisico e mentale alla cura dell'ambiente, le Tre Scimmiette ci invitano a essere più presenti, più gentili e più responsabili. Solo attraverso la consapevolezza e l'azione positiva possiamo sperare di costruire un futuro migliore, dove il rispetto reciproco e l'amore per il mondo siano i valori centrali che guidano ogni nostra scelta.

19. Le Tre Scimmiette nella Psicologia e nel Benessere Mentale**

Il concetto delle Tre Scimmiette offre anche spunti significativi nel campo della psicologia, in particolare per quanto riguarda la gestione del benessere mentale. In un mondo caratterizzato da stress, ansia e difficoltà emotive, i principi di "non vedere, non sentire, non parlare" possono essere applicati come un metodo per sviluppare una maggiore resilienza psicologica e una mente sana. Adottando questi principi con consapevolezza, possiamo imparare a gestire meglio le emozioni, a ridurre la negatività e a trovare un equilibrio interiore che favorisce il benessere mentale.

Non vedere il nostro stress come una condanna, ma come una sfida da gestire

Lo stress è una delle principali cause di problemi psicologici nella società moderna. Spesso, tendiamo a vedere lo stress come un peso insopportabile che mina la nostra salute mentale. Tuttavia, Le Tre Scimmiette ci invitano a "non vedere" lo stress come una condanna permanente, ma come una sfida da gestire con consapevolezza. Imparare a riconoscere i segnali dello stress e ad affrontarli in modo costruttivo è il primo passo per preservare la nostra salute mentale. Tecniche come la meditazione, la mindfulness e la gestione del tempo possono aiutarci a ridurre lo stress, permettendoci di affrontarlo senza esserne sopraffatti.

Non sentire le emozioni negative come un ostacolo, ma come un'opportunità di crescita

Le emozioni negative, come la tristezza, la rabbia o la paura, vengono spesso vissute come esperienze da evitare o reprimere. Tuttavia, Le Tre Scimmiette ci incoraggiano a "non sentire" queste emozioni come ostacoli, ma come opportunità di crescita e consapevolezza. Ogni emozione ha un valore e un messaggio da trasmettere, e se impariamo ad ascoltarle senza giudicarle, possiamo usare queste emozioni come strumenti per conoscere meglio noi stessi e imparare a reagire in modo più sano e consapevole. La gestione delle emozioni negative diventa così una risorsa per il benessere mentale.

Non parlare dei propri problemi come un fardello, ma come un'opportunità di liberazione

Spesso, quando ci troviamo di fronte a difficoltà o sfide emotive, tendiamo a parlarne in termini di "fardelli" che dobbiamo portare. Tuttavia, Le Tre Scimmiette ci invitano a "non parlare" dei nostri problemi in termini di pesi insopportabili, ma come opportunità per liberarsi e guarire. Parlare dei propri sentimenti e delle proprie difficoltà in modo aperto e vulnerabile con un terapista, un amico o una persona di fiducia può essere un passo importante per alleviare il carico emotivo e iniziare il processo di guarigione. Invece di temere il dolore, possiamo affrontarlo con il giusto supporto e la giusta prospettiva, trovando in esso la possibilità di crescita.

20. Le Tre Scimmiette e la Leadership Positiva

Nel contesto della leadership, Le Tre Scimmiette possono svolgere un ruolo fondamentale nel guidare gli altri verso una visione più equilibrata e sana. Un leader che adotta i principi delle Tre Scimmiette non solo guida con competenza, ma promuove anche un ambiente di lavoro che favorisce la collaborazione, il rispetto e l'inclusività.

Non vedere la leadership come un potere assoluto, ma come una responsabilità condivisa

Tradizionalmente, la leadership è spesso vista come una posizione di potere e autorità. Tuttavia, Le Tre Scimmiette ci invitano a "non vedere" la leadership come un dominio personale, ma come una responsabilità condivisa. Un buon leader sa che il suo ruolo non è solo quello di prendere decisioni, ma anche di ascoltare, supportare e motivare gli altri. La leadership non è una strada solitaria, ma una via collettiva che porta al successo di un gruppo. I leader che abbracciano questo approccio creano ambienti di lavoro collaborativi e stimolanti, dove ogni voce è ascoltata e ogni membro del team si sente valorizzato.

Non sentire il proprio ego come il motore del successo, ma come uno strumento da gestire con equilibrio

Molti leader tendono a fare affidamento sul proprio ego per motivare se stessi e gli altri. Tuttavia, Le Tre Scimmiette ci insegnano a "non sentire" l'ego come il motore del nostro successo, ma come uno strumento da gestire con equilibrio. La leadership autentica si basa sulla consapevolezza di sé e sull'umiltà. Un leader che non lascia che l'ego prenda il sopravvento è in grado di ascoltare con empatia, prendere decisioni sagge e riconoscere quando è il momento di fare un passo indietro per permettere ad altri di brillare. Questo tipo di leadership crea un ambiente di lavoro sano, dove l'interesse del gruppo prevale sull'individualismo.

Non parlare solo di risultati, ma anche di processi e benessere del team

In molte organizzazioni, la pressione sui risultati può portare a un ambiente di lavoro stressante e poco salutare. Le Tre Scimmiette ci invitano a "non parlare" solo dei risultati finali, ma anche dei processi e del benessere del team. Un buon leader si preoccupa non solo di raggiungere gli obiettivi, ma anche di come questi obiettivi vengono raggiunti e del benessere delle persone che li perseguono. Un ambiente di lavoro positivo e supportivo, che mette al centro la cura del team e la collaborazione, porta a risultati duraturi e soddisfacenti, e promuove una cultura di rispetto e crescita.

21. Le Tre Scimmiette e la Filosofia della Gratitudine

La filosofia della gratitudine è un potente strumento che può essere applicato a molti aspetti della nostra vita quotidiana, portando a una maggiore soddisfazione e benessere. Le Tre Scimmiette ci insegnano a "non vedere" solo ciò che manca, ma a concentrarci su ciò che abbiamo di positivo nella nostra vita, ad "ascoltare" i momenti di felicità e serenità senza darli per scontati, e a "parlare" della nostra gratitudine con chi ci sta vicino.

Non vedere le difficoltà come una punizione, ma come opportunità di crescita

Molti di noi tendono a concentrarsi sulle difficoltà e sugli ostacoli della vita, vedendoli come punizioni o disgrazie. Le Tre Scimmiette ci esortano a "non vedere" solo le difficoltà come una condanna, ma come opportunità di crescita. Ogni difficoltà affrontata ci insegna una lezione preziosa, e affrontarla con gratitudine e resilienza ci rende più forti e più consapevoli. Invece di lamentarci delle difficoltà, possiamo imparare a vederle come occasioni per sviluppare nuove competenze e migliorare noi stessi.

Non sentire il nostro cuore chiuso, ma aperto alla gratitudine e alla gioia

In un mondo che spesso ci spinge a desiderare sempre di più, è facile dimenticare ciò che già possediamo. Le Tre Scimmiette ci invitano a "non sentire" il nostro cuore chiuso all'apprezzamento per ciò che abbiamo. Coltivare la gratitudine ci aiuta a vivere nel presente e ad apprezzare le piccole cose. Imparando a essere grati per ogni momento e per ogni benedizione, possiamo aumentare la nostra felicità e promuovere un senso di soddisfazione duratura.

Non parlare di ciò che manca, ma di ciò che possiamo offrire e condividere

Infine, Le Tre Scimmiette ci suggeriscono di "non parlare" di ciò che ci manca, ma di ciò che possiamo offrire agli altri. Quando ci concentriamo su ciò che possiamo dare, piuttosto che su ciò che non abbiamo, apriamo la porta alla generosità e alla connessione. Parlare di ciò che possiamo condividere con gli altri ci permette di vivere una vita più appagante, ricca di significato e in grado di influenzare positivamente chi ci circonda.

Conclusione: Un Mondo Più Consapevole, Equilibrato e Grato

Le Tre Scimmiette offrono un messaggio universale che ci invita a vivere con maggiore consapevolezza, rispetto e gratitudine. Se applicato alla nostra vita personale, professionale, sociale e ambientale, questo principio ha il potenziale di trasformare il nostro mondo in un luogo più equilibrato, positivo e giusto. Attraverso l'adozione di questi valori, possiamo costruire relazioni più sane, un ambiente più sostenibile, una leadership più etica e, soprattutto, una vita più autentica e soddisfacente.

Le Tre Scimmiette ci insegnano che il cambiamento inizia dentro di noi e che ogni piccolo passo verso una maggiore consapevolezza può contribuire a creare un mondo migliore. La loro filosofia di "non vedere, non sentire, non parlare" non è un invito a chiudere gli occhi o ignorare la realtà, ma a scegliere come rispondere a essa in modo più sano, equilibrato e compassionevole. Con queste guide in mente, possiamo intraprendere il nostro cammino verso un futuro migliore per noi stessi, gli altri e il nostro pianeta.

22. Le Tre Scimmiette e la Pratica della Mindfulness

La Mindfulness, o consapevolezza, è una pratica che aiuta a vivere nel momento presente, osservando pensieri e sensazioni senza giudizio. Le Tre Scimmiette possono essere viste come un'applicazione pratica della mindfulness, invitandoci a osservare il nostro mondo interiore ed esteriore con maggiore lucidità. In un'epoca frenetica, dove siamo bombardati da informazioni e stimoli continui, queste scimmiette ci ricordano l'importanza di fermarci, riflettere e riconnetterci con la realtà senza filtri.

Non vedere il nostro pensiero come una realtà fissa, ma come un flusso di esperienze

La mente umana è costantemente in movimento, con pensieri che arrivano e se ne vanno. Tuttavia, spesso tendiamo ad identificare troppo fortemente con i nostri pensieri, credendo che siano la realtà assoluta. Le Tre Scimmiette ci invitano a "non vedere" i nostri pensieri come verità immutabili, ma come un flusso di esperienze che vanno e vengono. La pratica della mindfulness ci aiuta a osservare i pensieri senza attaccamento, permettendoci di non essere schiavi delle nostre emozioni e reazioni automatiche. Imparando a distaccarci da questi pensieri, possiamo vivere con maggiore calma e serenità.

Non sentire il bisogno di controllare tutto, ma accettare l'incertezza del momento presente

La nostra società ci spinge spesso a cercare il controllo su ogni aspetto della nostra vita, ma questo desiderio di controllo può generare ansia e stress. Le Tre Scimmiette ci insegnano a "non sentire" il bisogno di avere sempre tutto sotto controllo, ma a lasciare spazio all'incertezza e alla fluidità della vita.

La mindfulness ci invita ad accogliere ogni momento con apertura e accettazione, senza cercare di forzarlo o cambiarlo. Imparando ad accettare l'imprevedibilità, diventiamo più resilienti di fronte alle sfide della vita.

Non parlare in continuazione, ma fare spazio al silenzio interiore

In un mondo che spesso premia la verbalizzazione e il chiacchiericcio continuo, Le Tre Scimmiette ci ricordano l'importanza del silenzio. La pratica della mindfulness ci incoraggia a "non parlare" in continuazione, ma a fare spazio al silenzio interiore. Il silenzio non è assenza, ma un'opportunità di riflessione profonda, di ascolto autentico e di connessione con noi stessi. Imparando ad apprezzare il silenzio, possiamo ascoltare meglio gli altri e comprendere con maggiore chiarezza le nostre emozioni e desideri.

23. Le Tre Scimmiette e l'Autocura

L'autocura è fondamentale per mantenere un equilibrio tra corpo, mente e spirito. Le Tre Scimmiette ci ricordano che prendersi cura di se stessi non è un atto egoista, ma essenziale per poter essere presenti e disponibili per gli altri. Spesso, ci dimentichiamo dell'importanza di pratiche quotidiane di cura personale, sopraffatti dalla routine o dalle aspettative esterne. Applicare i principi delle Tre Scimmiette alla cura di sé ci permette di stabilire limiti sani e di trovare momenti di riflessione e recupero.

Non vedere l'autocura come un lusso, ma come una necessità fondamentale

Molte persone, nella frenesia della vita quotidiana, vedono l'autocura come qualcosa di opzionale, un lusso che può essere rimandato. Le Tre Scimmiette ci invitano a "non vedere" l'autocura come un optional, ma come una necessità fondamentale. Per mantenere una buona salute mentale, emotiva e fisica, è essenziale fare spazio per attività che rigenerano il corpo e la mente, come esercizio fisico, meditazione, lettura o semplicemente il riposo. Solo quando ci prendiamo cura di noi stessi possiamo dare il meglio agli altri e affrontare le sfide della vita con lucidità e forza.

Non sentire il corpo come un oggetto da sfruttare, ma come un tempio da rispettare

Il corpo è spesso trascurato o maltrattato, considerando solo la sua funzionalità senza riconoscere il suo valore intrinseco. Le Tre Scimmiette ci suggeriscono di "non sentire" il corpo come un oggetto da sfruttare, ma come un tempio da rispettare. Prendersi cura di sé implica ascoltare i segnali che il corpo ci manda, come la stanchezza, il dolore o il bisogno di nutrimento, e rispondere in modo adeguato. L'autocura fisica, come una dieta equilibrata, il sonno regolare e l'esercizio fisico, è fondamentale per mantenerci in buona salute e per vivere una vita piena.

Non parlare di stress e fatica come normali, ma come segnali di un bisogno di pausa

Spesso, ci sentiamo obbligati a sopportare stress, fatica e tensioni come se fossero inevitabili o normali. Le Tre Scimmiette ci invitano a "non parlare" di questi stati come una parte naturale della vita, ma come segnali che indicano un bisogno di pausa e recupero. Il corpo e la mente hanno bisogno di rigenerarsi, e ignorare questi segnali può portare a burnout e malesseri a lungo termine. Imparando a riconoscere quando abbiamo bisogno di rallentare e prenderci cura di noi stessi, possiamo prevenire esaurimenti e vivere una vita più equilibrata.

24. Le Tre Scimmiette e il Futuro della Società

Le Tre Scimmiette ci offrono uno spunto di riflessione su come potrebbe essere una società più consapevole, rispettosa e collaborativa. Se tutte le persone seguissero i principi di "non vedere, non sentire, non parlare" in modo sano e costruttivo, potremmo costruire un mondo migliore, caratterizzato dalla pace, dall'equità e dal rispetto reciproco. Le sfide globali, come il cambiamento climatico, le disuguaglianze sociali e le crisi sanitarie, richiedono una risposta collettiva, basata sulla consapevolezza delle nostre azioni e delle loro conseguenze.

Non vedere l'altro come un nemico, ma come un alleato nella costruzione di un mondo migliore
In un mondo segnato da conflitti e divisioni, Le Tre Scimmiette ci invitano a "non vedere" l'altro come un nemico o come una minaccia, ma come un alleato con cui collaborare. Le differenze di opinione, cultura o religione non devono portarci alla separazione, ma piuttosto diventare una fonte di arricchimento reciproco. La cooperazione, la comunicazione e la comprensione sono le chiavi per costruire ponti tra le persone e risolvere i conflitti in modo pacifico.

Non sentire la solitudine come un destino, ma come un'opportunità di connessione autentica
Molte persone si sentono sole e isolate, sia a livello individuale che collettivo. Tuttavia, Le Tre Scimmiette ci insegnano a "non sentire" la solitudine come una condanna, ma come un'opportunità per cercare connessioni autentiche. Invece di chiuderci, possiamo aprirci agli altri, cercando opportunità di creare comunità e supporto reciproco. In questo modo, possiamo costruire una società in cui nessuno è veramente solo, ma dove ognuno è parte di una rete di relazioni solidali.

Non parlare di fine, ma di opportunità di rinnovamento e crescita
Anche di fronte a sfide globali, come la crisi ambientale o le disuguaglianze sociali, Le Tre Scimmiette ci invitano a "non parlare" di fine, ma di opportunità di rinnovamento. Ogni crisi può essere vista come un'opportunità per riflettere, imparare e trasformare il nostro modo di vivere.

Le soluzioni non arrivano dall'ignorare i problemi, ma dal confrontarsi con loro in modo positivo, costruttivo e cooperativo. Attraverso il cambiamento consapevole, possiamo creare un futuro migliore per le prossime generazioni.

Conclusione Finale: Le Tre Scimmiette come Guida Universale per la Vita

Le Tre Scimmiette offrono un percorso di consapevolezza che attraversa tutti gli aspetti della nostra vita. Dalla crescita personale alla leadership, dalla mindfulness alla cura del corpo e della mente, dai conflitti globali alla nostra responsabilità verso il pianeta, i principi di "non vedere, non sentire, non parlare" ci invitano a vivere con maggiore attenzione, rispetto e compassione. Ogni scelta consapevole che facciamo, ogni pensiero e azione che alimentiamo con cura e amore, contribuisce a un mondo migliore, più equo e più pacifico.

Adottando le Tre Scimmiette nella nostra vita quotidiana, possiamo non solo trasformare noi stessi, ma anche influenzare positivamente la società e il nostro ambiente. Con questi valori fondamentali di consapevolezza, rispetto e gratitudine, possiamo costruire un futuro in cui l'amore e l'armonia siano alla base di ogni nostra relazione e decisione.

25. Le Tre Scimmiette e la Spiritualità Contemporanea

Nel contesto della spiritualità contemporanea, Le Tre Scimmiette rappresentano un invito ad adottare un approccio più consapevole e riflessivo alla vita. In molte tradizioni spirituali, l'autocontrollo, la saggezza e la meditazione sono pratiche chiave per trascendere le limitazioni della mente e vivere in armonia con l'universo. Le Tre Scimmiette offrono simbolicamente una via per coltivare una spiritualità che non è solo intellettuale, ma esperienziale e trasformativa.

Non vedere il mondo attraverso la lente del giudizio, ma con occhi di compassione

In molte tradizioni spirituali, la compassione è vista come uno dei principi fondamentali. Le Tre Scimmiette ci invitano a "non vedere" il mondo attraverso la lente del giudizio, ma con occhi di compassione. Spesso siamo pronti a giudicare ciò che ci circonda, le azioni degli altri, le situazioni difficili. Tuttavia, quando impariamo a guardare senza pregiudizio, sviluppiamo una comprensione più profonda, che ci consente di essere più empatici e accoglienti verso gli altri. La spiritualità ci incoraggia a vedere oltre le apparenze e a riconoscere l'interconnessione di tutte le cose.

Non sentire la sofferenza come una condanna, ma come una porta per la crescita spirituale

In molti percorsi spirituali, la sofferenza è vista come una parte inevitabile della vita umana, ma anche come una grande opportunità per la crescita. Le Tre Scimmiette ci insegnano a "non sentire" la sofferenza come una condanna, ma come una porta per la crescita spirituale. Quando affrontiamo le difficoltà con una mentalità aperta e senza timore, possiamo imparare le lezioni che la vita ci offre e trovare una maggiore pace interiore. La sofferenza, se vissuta con consapevolezza, può trasformarsi in una forza che ci aiuta a crescere e a evolverci spiritualmente.

Non parlare in termini di separazione, ma di unità e interconnessione

Molte tradizioni spirituali sottolineano l'idea che tutte le cose siano interconnesse e che la separazione sia solo un'illusione. Le Tre Scimmiette ci invitano a "non parlare" in termini di separazione, ma di unità e connessione. Questo può significare non solo vedere noi stessi come parte di un tutto, ma anche parlare di questa connessione con gli altri in modo positivo. Parlando con amore e unità, piuttosto che con separazione e divisione, possiamo creare un mondo in cui il benessere collettivo sia la priorità, piuttosto che il successo individuale a scapito degli altri.

26. Le Tre Scimmiette e il Cambiamento Sociale

Le Tre Scimmiette, applicate ai cambiamenti sociali, offrono un punto di vista interessante su come possiamo affrontare le sfide e le disuguaglianze sociali. Le strutture sociali, politiche ed economiche che governano il nostro mondo possono sembrare insormontabili, ma con l'approccio giusto possiamo iniziare a fare la differenza, partendo da noi stessi e dalla nostra comunità.

Non vedere le ingiustizie come inevitabili, ma come sfide da affrontare

Le ingiustizie e le disuguaglianze sociali sono spesso percepite come inevitabili o parte della natura del sistema. Tuttavia, Le Tre Scimmiette ci incoraggiano a "non vedere" queste ingiustizie come situazioni senza speranza, ma come sfide da affrontare con determinazione. Ogni movimento sociale che ha portato a cambiamenti significativi nella storia ha avuto inizio con persone che non si sono rassegnate, ma hanno scelto di vedere oltre l'ingiustizia e di lottare per una società più equa. Non possiamo permettere che la convinzione di "non poter cambiare le cose" ci impedisca di fare la differenza.

Non sentire l'oppressione come un destino immutabile, ma come una realtà da trasformare

Le difficoltà economiche, politiche e sociali che molte persone affrontano non devono essere viste come un destino immutabile. Le Tre Scimmiette ci invitano a "non sentire" l'oppressione come un fatto ineluttabile, ma come una realtà che possiamo lavorare per trasformare. Le persone che hanno affrontato discriminazioni, povertà o marginalizzazione sono le stesse che, con coraggio e determinazione, hanno portato avanti cambiamenti importanti.

Quando non ci sentiamo impotenti di fronte alla sofferenza, possiamo essere motivati a fare il nostro piccolo passo per rendere il mondo un posto più giusto.

Non parlare di soluzioni facili, ma di azioni concrete per un cambiamento sostenibile

Spesso, si tende a parlare di soluzioni semplicistiche quando si affrontano questioni complesse come la povertà, la discriminazione o il cambiamento climatico. Le Tre Scimmiette ci insegnano a "non parlare" di soluzioni facili, ma di azioni concrete e a lungo termine. Il cambiamento sociale duraturo non può essere ottenuto senza impegno costante, educazione e partecipazione attiva. Ogni piccolo gesto, ogni singola azione che contribuisce a migliorare le condizioni di vita degli altri, si somma a un cambiamento più grande. La chiave è non fermarsi alla teoria, ma agire in modo pratico e responsabile.

27. Le Tre Scimmiette e la Creatività

La creatività è uno degli aspetti più affascinanti dell'essere umano, una forza che può portare a innovazioni straordinarie e cambiamenti significativi. Tuttavia, il processo creativo spesso richiede un'attenzione particolare, un'apertura mentale e una volontà di esplorare nuove possibilità. Le Tre Scimmiette ci possono guidare in questo processo, aiutandoci a liberarci dai limiti imposti dal pensiero convenzionale e a esplorare il nostro potenziale creativo.

Non vedere il fallimento come una fine, ma come una parte del processo creativo

Molte persone temono il fallimento e lo vedono come una fine definitiva. Tuttavia, Le Tre Scimmiette ci suggeriscono di "non vedere" il fallimento come una conclusione, ma come una parte inevitabile e preziosa del processo creativo. Ogni errore ci insegna qualcosa di nuovo, ci spinge a riflettere e a migliorare. Imparare ad accogliere i fallimenti come esperienze di apprendimento ci rende più resilienti e pronti a affrontare nuove sfide con una mentalità positiva.

Non sentire la creatività come un talento innato, ma come una qualità che può essere sviluppata

Molti credono che la creatività sia un talento innato e che solo alcune persone abbiano il privilegio di essere "creative". Le Tre Scimmiette ci invitano a "non sentire" la creatività come un dono esclusivo, ma come una qualità che può essere coltivata da chiunque. Ogni persona ha il potenziale creativo, che può essere sviluppato attraverso la pratica, l'esplorazione e l'apertura mentale. Siamo tutti capaci di pensare fuori dagli schemi, di innovare e di esprimere le nostre idee in modo unico.

Non parlare di limiti, ma di possibilità infinite

Le restrizioni mentali spesso ci impediscono di esplorare nuove possibilità. Le Tre Scimmiette ci insegnano a "non parlare" di limiti, ma di possibilità infinite. Quando liberiamo la nostra mente dalle convinzioni limitanti, possiamo iniziare a vedere soluzioni creative a problemi complessi e a scoprire nuove vie per esprimere noi stessi. La creatività nasce dalla libertà di pensiero, e il nostro potenziale è illimitato quando ci permettiamo di esplorare senza paura.

Conclusione Finale: Un Viaggio di Consapevolezza e Trasformazione Personale

Le Tre Scimmiette, in tutta la loro simbologia, ci guidano verso una maggiore consapevolezza, non solo del mondo che ci circonda, ma anche di noi stessi e delle nostre potenzialità. La loro lezione di "non vedere, non sentire, non parlare" ci invita a vivere con maggiore equilibrio, rispetto e attenzione, affrontando le difficoltà con resilienza e imparando a coltivare la pace interiore. Adottare questi principi non significa chiudere gli occhi o ignorare la realtà, ma scegliere con maggiore consapevolezza come rispondere ad essa, con empatia, amore e azioni concrete.

Il viaggio delle Tre Scimmiette è, in definitiva, un viaggio di trasformazione personale che ha il potenziale di trasformare il nostro mondo. Con la consapevolezza che ogni gesto positivo, ogni scelta di vivere con amore e rispetto, può avere un impatto profondo, possiamo contribuire a costruire un futuro migliore per tutti.

28. Le Tre Scimmiette e la Connessione con la Natura

In un mondo sempre più urbanizzato e tecnologicamente avanzato, spesso ci dimentichiamo della nostra connessione con la natura. Le Tre Scimmiette, se applicate alla nostra relazione con l'ambiente, ci insegnano a vedere, sentire e parlare della natura con rispetto e consapevolezza. La natura è il nostro habitat originario, e la sua preservazione è essenziale per il nostro benessere e per quello delle generazioni future.

Non vedere la natura come una risorsa da sfruttare, ma come un patrimonio da preservare

Le Tre Scimmiette ci invitano a "non vedere" la natura come una risorsa illimitata da sfruttare, ma come un patrimonio fragile che deve essere preservato. Ogni atto di distruzione ambientale, ogni inquinamento o spreco, non solo danneggia l'ecosistema, ma minaccia la nostra stessa esistenza. Dobbiamo imparare a vedere la natura come una fonte di vita, un bene comune che va protetto e rispettato. Con scelte consapevoli e azioni responsabili, possiamo contribuire a mantenere l'equilibrio ecologico e a garantire un futuro sostenibile.

Non sentire la responsabilità ambientale come un peso, ma come un dovere di cura e gratitudine

Molte persone percepiscono la lotta per la sostenibilità e la protezione dell'ambiente come un obbligo gravoso. Le Tre Scimmiette ci suggeriscono di "non sentire" questa responsabilità come un peso, ma come un atto di cura e gratitudine verso la terra che ci ospita. La nostra connessione con la natura è fondamentale per la nostra felicità e salute, ed è attraverso il nostro impegno quotidiano che possiamo contribuire a preservare la bellezza e l'armonia del nostro pianeta. Ogni scelta ecologica, ogni gesto di cura per l'ambiente, è una forma di amore per la Terra e per le generazioni future.

Non parlare della natura come separata dall'uomo, ma come una parte integrante del nostro essere

Le scienze moderne hanno spesso separato l'essere umano dalla natura, trattando l'ambiente come un'entità esterna. Tuttavia, Le Tre Scimmiette ci invitano a "non parlare" della natura come qualcosa di separato da noi, ma come una parte integrante del nostro essere. Siamo, in effetti, una parte della rete ecologica globale, e le nostre azioni influenzano direttamente il mondo che ci circonda. Quando parliamo di natura, dovremmo farlo con rispetto e consapevolezza, riconoscendo che la sua salute è la nostra salute e che il nostro benessere è interconnesso con quello dell'ambiente.

29. Le Tre Scimmiette e la Leadership Etica

Nel contesto della leadership, Le Tre Scimmiette ci offrono una guida preziosa su come governare e guidare con integrità, consapevolezza e rispetto per gli altri. I leader di oggi affrontano sfide complesse, e le scelte che compiono hanno un impatto significativo non solo sul loro team o sulla loro organizzazione, ma anche sulla comunità e sul pianeta. L'approccio delle Tre Scimmiette alla leadership è centrato sull'etica, sull'ascolto e sulla responsabilità.

Non vedere il potere come un fine in sé, ma come una responsabilità da gestire con saggezza

Molti leader vedono il potere come un obiettivo da raggiungere o da consolidare. Tuttavia, Le Tre Scimmiette ci insegnano a "non vedere" il potere come un fine in sé, ma come una responsabilità che va gestita con saggezza e giustizia. La vera leadership non consiste nell'imporre la propria volontà sugli altri, ma nel servire gli altri, prendendo decisioni che abbiano un impatto positivo a lungo termine. Un leader etico riconosce che il potere è temporaneo e che la vera grandezza sta nel lasciare un'eredità di bene.

Non sentire la leadership come un'occasione di superiorità, ma come un'opportunità di servizio

Le scimmiette ci invitano a "non sentire" la leadership come un'occasione per esercitare superiorità, ma come un'opportunità di servizio. Essere un leader implica mettersi al servizio degli altri, ascoltare, sostenere e aiutare gli altri a crescere.

Un leader che agisce con umiltà e compassione sarà in grado di motivare e ispirare il proprio team a dare il meglio di sé. Questo approccio alla leadership promuove una cultura di rispetto reciproco e collaborazione.

Non parlare di successi individuali, ma di traguardi collettivi
Un altro principio che possiamo trarre dalle Tre Scimmiette è quello di "non parlare" di successi individuali, ma di traguardi collettivi. La leadership non riguarda solo la propria realizzazione, ma anche quella del gruppo, della comunità e dell'organizzazione. Un buon leader sa che il successo non è misurato solo in termini di risultati individuali, ma anche nel benessere e nella crescita di coloro che guidano. Celebrare il successo collettivo aiuta a costruire un ambiente di lavoro positivo e stimolante, dove tutti si sentono valorizzati.

30. Le Tre Scimmiette come Filosofia di Vita

Le Tre Scimmiette, alla fine, possono essere viste come una filosofia di vita. Non è solo una questione di evitare il male, ma di coltivare un atteggiamento positivo e consapevole nei confronti di noi stessi, degli altri e del mondo che ci circonda. Vivere seguendo il principio di "non vedere, non sentire, non parlare" non significa ignorare i problemi o chiudere gli occhi davanti alle difficoltà, ma adottare un atteggiamento di saggezza, pazienza e compassione in ogni aspetto della nostra vita.

Non vedere il mondo come un luogo di conflitto, ma come un campo di opportunità per la pace
Le Tre Scimmiette ci incoraggiano a "non vedere" il mondo come un luogo di conflitto e divisione, ma come un campo di opportunità per la pace e la cooperazione. In un mondo dove spesso le differenze sembrano accentuarsi, possiamo fare la scelta consapevole di vedere il nostro ambiente come un luogo dove possiamo imparare l'uno dall'altro, condividere esperienze e costruire ponti invece di muri. La pace comincia dentro di noi e si estende a tutte le nostre interazioni quotidiane.

Non sentire la vita come un viaggio solitario, ma come una connessione con gli altri e con l'universo
La filosofia delle Tre Scimmiette ci invita anche a "non sentire" la vita come un viaggio solitario, ma come una connessione con gli altri e con l'universo. Ogni persona con cui interagiamo è un riflesso di noi stessi, e ogni esperienza condivisa arricchisce il nostro cammino. La consapevolezza che siamo tutti interconnessi ci aiuta a vivere con maggiore compassione, gratitudine e comprensione.

Non parlare di impossibilità, ma di possibilità infinite
Infine, Le Tre Scimmiette ci insegnano a "non parlare" di impossibilità, ma di possibilità infinite. La vita è piena di potenzialità e opportunità, e ogni momento è un'occasione per evolverci, imparare e crescere.

Quando affrontiamo le sfide con una mente aperta e un cuore disposto a ricevere, possiamo realizzare cose straordinarie.

Conclusione Finale: Una Vita di Consapevolezza, Pace e Azione Positiva

Adottare la filosofia delle Tre Scimmiette nella vita quotidiana è un invito a vivere in modo più consapevole, positivo e amorevole. Non significa chiudere gli occhi di fronte alle difficoltà, ma scegliere consapevolmente di non essere sopraffatti dal male, dalle difficoltà o dalle negatività. Attraverso l'osservazione, la riflessione e l'azione consapevole, possiamo costruire una vita e una società in cui la pace, la cooperazione e il rispetto reciproco siano le fondamenta di ogni nostro gesto e decisione.

In un mondo complesso e talvolta caotico, Le Tre Scimmiette ci offrono un semplice ma potente insegnamento: la nostra capacità di scegliere come rispondere alla vita, con saggezza, compassione e impegno, può essere il catalizzatore di un cambiamento positivo a livello personale, sociale e globale. Con ogni piccolo passo, possiamo contribuire a creare un futuro migliore, guidati dalla luce della consapevolezza e della responsabilità.

31. Le Tre Scimmiette e la Psicologia del Benessere

Le Tre Scimmiette offrono una lezione importante anche nella psicologia del benessere, un campo che si concentra sul miglioramento della qualità della vita e sulla promozione di stati mentali e emotivi positivi. L'applicazione dei principi di "non vedere, non sentire, non parlare" può essere vista come un invito a gestire i nostri pensieri e emozioni in modo consapevole, riducendo l'influenza dei fattori esterni che possono minare il nostro equilibrio interiore.

Non vedere i pensieri negativi come realtà assoluta, ma come fenomeni temporanei

Nel contesto della psicologia, imparare a "non vedere" i pensieri negativi come realtà assoluta è fondamentale. I pensieri automatici e le preoccupazioni possono sembrare determinanti per la nostra realtà, ma in realtà sono fenomeni temporanei che possono essere osservati e lasciati andare. Le Tre Scimmiette ci invitano a praticare una maggiore consapevolezza mentale, come quella proposta dalla mindfulness, che ci aiuta a riconoscere i pensieri senza identificarci con essi. Imparare a distaccarsi dai pensieri negativi permette di vivere con maggiore serenità e di non essere sopraffatti dalle emozioni.

Non sentire il dolore emotivo come una condanna, ma come un'opportunità di crescita

Il dolore emotivo, come la tristezza, la rabbia o la paura, è una parte inevitabile della condizione umana. Le Tre Scimmiette ci suggeriscono di "non sentire" questo dolore come una condanna, ma come un'opportunità di crescita. Affrontare le emozioni difficili in modo consapevole e non giudicante ci permette di sviluppare una maggiore resilienza. Ogni esperienza emotiva ci insegna qualcosa su noi stessi e sulle nostre relazioni, ed è attraverso la comprensione e l'elaborazione di queste emozioni che possiamo crescere e migliorare il nostro benessere.

Non parlare di sé in termini di limiti, ma di possibilità e potenziale

In psicologia, un aspetto cruciale del benessere è il concetto di autoefficacia, cioè la convinzione di poter affrontare le sfide della vita e raggiungere i propri obiettivi. Le Tre Scimmiette ci incoraggiano a "non parlare" di noi stessi in termini di limiti, ma di possibilità infinite. Parlando di noi stessi come esseri capaci e potenzialmente illimitati, possiamo abbattere le barriere mentali che ci impediscono di esprimere il nostro pieno potenziale. La trasformazione della propria visione di sé è uno degli strumenti più potenti per migliorare la propria autostima e il benessere psicologico.

32. Le Tre Scimmiette nel Mondo Digitale

Nel mondo digitale moderno, dove la tecnologia e i social media hanno un impatto profondo sulle nostre vite, Le Tre Scimmiette ci invitano a riflettere su come interagiamo con il mondo virtuale. L'accesso immediato a informazioni, notizie e opinioni può facilmente sovraccaricarci e influenzare negativamente il nostro stato mentale ed emotivo.

Non vedere solo ciò che ci viene mostrato, ma esplorare la realtà in modo più profondo

Nel mondo digitale, siamo continuamente bombardati da informazioni, immagini e video che spesso ci presentano solo una versione superficiale della realtà. Le Tre Scimmiette ci insegnano a "non vedere" solo ciò che ci viene mostrato, ma a esplorare la realtà in modo più profondo. Possiamo scegliere di non accettare passivamente le informazioni che riceviamo, ma di riflettere criticamente su di esse, cercando fonti affidabili e prendendo il tempo per comprendere meglio le situazioni. Questo approccio ci permette di non essere manipolati dai contenuti digitali e di sviluppare una visione più equilibrata e consapevole del mondo.

Non sentire l'influenza dei social media come un riflesso del nostro valore personale

I social media, con le loro immagini idealizzate e la continua ricerca di approvazione, possono creare una falsa percezione di sé. Le Tre Scimmiette ci suggeriscono di "non sentire" l'influenza dei social media come un riflesso del nostro valore personale. Il nostro valore non dipende da like, commenti o approvazione esterna, ma dalla nostra autentica connessione con noi stessi e con gli altri. Quando impariamo a riconoscere la differenza tra la realtà virtuale e quella concreta, possiamo sviluppare una salute mentale più solida e una maggiore fiducia in noi stessi.

Non parlare di sé in termini di comparazioni, ma celebrare l'autenticità

Nel mondo digitale, è facile cadere nella trappola delle comparazioni, misurando la nostra vita rispetto a quella degli altri. Le Tre Scimmiette ci incoraggiano a "non parlare" di noi stessi in termini di comparazioni, ma di celebrare la nostra unicità e autenticità. Ogni persona ha un percorso diverso, e cercare di vivere la vita degli altri può portarci solo a frustrazione e insoddisfazione. Quando ci concentriamo su ciò che siamo e su come possiamo esprimere il nostro vero io, riduciamo il potere che le opinioni esterne hanno su di noi e miglioriamo il nostro benessere psicologico.

33. *Le Tre Scimmiette e la Cura di Sé*

La cura di sé è essenziale per mantenere un buon equilibrio tra mente, corpo e spirito. Le Tre Scimmiette possono essere utilizzate come una guida nella pratica quotidiana della cura di sé, aiutandoci a prendere decisioni che promuovano il nostro benessere generale.

Non vedere la cura di sé come egoismo, ma come un atto di amore verso se stessi

Molti vedono la cura di sé come un'attività egoistica o inutile, ma Le Tre Scimmiette ci insegnano a "non vedere" la cura di sé in questi termini. Curare noi stessi non è un atto di egoismo, ma un atto di amore verso la nostra persona. Quando ci prendiamo cura di noi, sia fisicamente che emotivamente, possiamo essere più forti e più capaci di affrontare le sfide della vita. La cura di sé è un fondamento necessario per essere in grado di prendersi cura degli altri e di vivere una vita sana e soddisfacente.

Non sentire la necessità di perfezione, ma di accettazione e crescita

Le Tre Scimmiette ci invitano anche a "non sentire" la necessità di raggiungere la perfezione, ma a perseguire l'accettazione e la crescita personale. Spesso siamo troppo duri con noi stessi, cercando di essere perfetti in ogni aspetto della nostra vita. Tuttavia, la vera cura di sé passa attraverso l'accettazione delle nostre imperfezioni e l'impegno a crescere ogni giorno. Il progresso è più importante della perfezione, e ogni passo verso un miglioramento genuino è un successo.

Non parlare di sé come se si fosse incompleti, ma come esseri in continua evoluzione

Le Tre Scimmiette ci incoraggiano a "non parlare" di noi stessi come se fossimo incompleti, ma come esseri in continua evoluzione. Siamo in costante trasformazione, imparando, crescendo e adattandoci alle circostanze della vita. La cura di sé include l'accettazione del nostro stato attuale, ma anche il riconoscimento del nostro potenziale di crescita. Ogni giorno è un'opportunità per fare piccoli passi verso il nostro miglioramento.

Conclusione Finale: Una Vita di Consapevolezza, Equilibrio e Responsabilità

Le Tre Scimmiette, in ogni sfumatura e applicazione, ci insegnano una filosofia di vita che abbraccia la consapevolezza, l'autocontrollo e la responsabilità. Vivere secondo questi principi ci permette di sviluppare una maggiore serenità, di affrontare le difficoltà con equilibrio e di costruire una vita più soddisfacente. La loro lezione non è solo quella di evitare il male, ma di scegliere consapevolmente come rispondere alle sfide della vita, con compassione, saggezza e amore.

Adottare la filosofia delle Tre Scimmiette nella vita quotidiana significa essere più presenti, più attenti e più in sintonia con noi stessi, gli altri e il mondo che ci circonda. È un percorso di crescita, di evoluzione e di servizio, che può portare a una vita più ricca, più significativa e più felice.

34. Le Tre Scimmiette e l'Empatia

L'empatia è una delle qualità più fondamentali per costruire relazioni sane e profonde. Le Tre Scimmiette, con la loro filosofia di "non vedere, non sentire, non parlare", ci offrono anche una lezione importante su come sviluppare e coltivare l'empatia. Essere empatici significa comprendere e condividere i sentimenti degli altri, mettersi nei loro panni e rispondere con compassione.

Non vedere solo la superficie degli altri, ma sforzarsi di comprendere la loro esperienza interiore

Spesso, tendiamo a giudicare gli altri in base alle loro azioni o apparenze superficiali, senza fermarci a riflettere su ciò che potrebbero vivere internamente. Le Tre Scimmiette ci insegnano a "non vedere" solo ciò che appare, ma a sforzarci di comprendere la complessità dell'esperienza dell'altro. Ogni persona ha una storia, emozioni, e lotte che non sono immediatamente visibili. Praticare l'empatia ci invita a vedere oltre la superficie e ad ascoltare con attenzione, per capire meglio le esperienze degli altri senza giudizio.

Non sentire il dolore altrui come una minaccia, ma come un'opportunità per sostenere e confortare

Quando vediamo gli altri soffrire, la nostra reazione immediata potrebbe essere quella di ignorare o evitare il loro dolore, spesso per paura di dover affrontare le nostre emozioni o la nostra vulnerabilità. Tuttavia, Le Tre Scimmiette ci suggeriscono di "non sentire" il dolore degli altri come una minaccia, ma come un'opportunità per offrire sostegno e conforto. L'empatia non consiste solo nell'essere testimoni del dolore altrui, ma nell'entrarvi in relazione, aiutando gli altri a sentirsi compresi e non soli. Questo approccio ci permette di costruire legami più forti e di offrire supporto autentico.

Non parlare di noi stessi come se fossimo separati dagli altri, ma riconoscere che siamo tutti interconnessi

Le Tre Scimmiette ci invitano anche a "non parlare" di noi stessi come se fossimo separati dagli altri, ma a riconoscere che siamo tutti interconnessi. Le nostre esperienze, emozioni e azioni hanno un impatto su chi ci circonda, e ciò che accade agli altri riguarda anche noi. L'empatia nasce dal riconoscere questa interconnessione: ciò che succede a una persona può influenzare profondamente anche chi la circonda. Parlando di noi stessi in termini di unità con gli altri, sviluppiamo una consapevolezza maggiore delle esperienze altrui e della nostra responsabilità reciproca.

35. Le Tre Scimmiette e l'Intelligenza Emotiva

L'intelligenza emotiva è la capacità di riconoscere, comprendere e gestire le proprie emozioni, così come le emozioni degli altri. Le Tre Scimmiette ci forniscono un'importante chiave per sviluppare questa competenza cruciale, che gioca un ruolo fondamentale nel successo personale, nelle relazioni e nella leadership.

Non vedere le emozioni come reazioni da evitare, ma come segnali da comprendere

Le emozioni non sono qualcosa da evitare, ma segnali utili che ci indicano come stiamo vivendo una situazione. Le Tre Scimmiette ci insegnano a "non vedere" le emozioni come ostacoli o reazioni negative, ma come messaggi da comprendere. Ogni emozione, positiva o negativa, ha un motivo e una funzione. Riconoscere e comprendere le nostre emozioni ci aiuta a gestirle in modo più efficace, evitando che ci sopraffacciano. Le emozioni non sono nemiche, ma alleate che ci guidano verso una maggiore consapevolezza di noi stessi.

Non sentire le emozioni come cose da controllare, ma come esperienze da esplorare

Un errore comune è pensare che dobbiamo controllare le emozioni per evitarne l'intensità. Le Tre Scimmiette ci suggeriscono di "non sentire" le emozioni come qualcosa da sopprimere, ma come esperienze da esplorare. Quando esploriamo le nostre emozioni, impariamo a riconoscere da dove provengono, come influenzano il nostro comportamento e come possiamo reagire in modo più sano. L'intelligenza emotiva ci aiuta a trasformare le emozioni in opportunità di crescita, invece che in cause di conflitto o stress.

Non parlare di emozioni come se fossero deboli o sbagliate, ma come potenzialità di connessione e autenticità

Le emozioni sono spesso viste come segno di debolezza o qualcosa da evitare in contesti professionali o sociali. Le Tre Scimmiette ci insegnano a "non parlare" delle emozioni come se fossero qualcosa di sbagliato o da nascondere, ma come una risorsa per creare connessioni autentiche.

Condividere le emozioni, in modo sincero e rispettoso, ci permette di entrare in contatto con gli altri a un livello più profondo, costruendo legami basati sulla comprensione reciproca e sulla vulnerabilità condivisa. Quando impariamo a parlare delle nostre emozioni con chiarezza e coraggio, ci avviciniamo alla nostra autenticità.

36. *Le Tre Scimmiette e la Spiritualità*

Le Tre Scimmiette possono anche essere viste come un richiamo alla spiritualità, intesa come la ricerca di un significato più profondo nella vita e la connessione con qualcosa di più grande di noi. Sebbene la spiritualità assuma forme diverse per ciascuno, le lezioni delle Tre Scimmiette possono aiutare a vivere una vita più piena, consapevole e in armonia con l'universo.

Non vedere la spiritualità come una dottrina rigida, ma come un cammino personale di crescita e consapevolezza

Le Tre Scimmiette ci invitano a "non vedere" la spiritualità come una dottrina rigida o un insieme di regole da seguire, ma come un cammino personale di crescita interiore. Ogni individuo ha la propria via spirituale, che può essere influenzata dalla religione, dalla filosofia o dalla ricerca personale di significato. La spiritualità, come la visione delle Tre Scimmiette, è un processo di evoluzione e di riflessione, che ci porta a vivere con maggiore consapevolezza e a coltivare valori positivi come amore, compassione e saggezza.

Non sentire la spiritualità come un'esigenza esterna, ma come una ricerca interiore

La spiritualità non deve essere vista come una costrizione imposta dall'esterno, ma come una ricerca interiore. Le Tre Scimmiette ci incoraggiano a "non sentire" la spiritualità come una pressione da rispettare, ma come un'opportunità di connessione con la nostra essenza più profonda. In questo contesto, la spiritualità diventa un viaggio di auto-scoperta, che ci aiuta a comprendere meglio chi siamo, qual è il nostro scopo e come possiamo contribuire positivamente al mondo.

Non parlare della spiritualità come qualcosa da dimostrare, ma come una condizione di pace e armonia interiore

Infine, Le Tre Scimmiette ci suggeriscono di "non parlare" della spiritualità come qualcosa da dimostrare agli altri, ma come una condizione di pace e armonia interiore. La spiritualità autentica non è qualcosa da esibire o da utilizzare come un modo per cercare approvazione, ma una forza che ci permette di vivere in pace con noi stessi e con gli altri. Quando raggiungiamo uno stato di armonia interiore, diventiamo strumenti di pace nel mondo, portando la luce della nostra consapevolezza e compassione a chi ci circonda.

Conclusione: Una Via di Saggezza e Armonia

Le Tre Scimmiette non sono solo un antico simbolo, ma un invito costante a vivere con maggiore consapevolezza, compassione e responsabilità. La loro filosofia di "non vedere, non sentire, non parlare" è una pratica che ci aiuta a sviluppare una vita più equilibrata, in armonia con noi stessi, gli altri e il mondo che ci circonda. Applicare questi principi nella nostra vita quotidiana è un viaggio di crescita, di trasformazione e di connessione profonda con l'universo.

Attraverso la pratica delle Tre Scimmiette, possiamo imparare a vivere in modo più sano, più consapevole e più amorevole, affrontando le sfide della vita con serenità e rispondendo con compassione agli altri. Vivere in accordo con questa filosofia ci permette di creare un mondo più pacifico, più equo e più rispettoso, un mondo in cui le nostre azioni quotidiane sono guidate da una visione chiara e positiva.

37. Le Tre Scimmiette e la Leadership

Nel contesto della leadership, Le Tre Scimmiette possono offrire lezioni importanti per chi guida o ispira altre persone. Un buon leader non solo gestisce risorse e persone, ma promuove anche un ambiente di fiducia, rispetto e crescita reciproca. La filosofia delle Tre Scimmiette può diventare un potente strumento per esercitare una leadership consapevole e responsabile.

Non vedere il potere come un diritto, ma come una responsabilità
La leadership è spesso associata al potere, ma Le Tre Scimmiette ci insegnano a "non vedere" il potere come un diritto che ci appartiene, ma come una responsabilità che dobbiamo onorare. Un vero leader è consapevole del proprio impatto sugli altri e sa che il suo ruolo non è quello di imporre, ma di guidare con empatia e rispetto. Quando vediamo il potere come una responsabilità, ci impegniamo a usarlo per il bene comune, piuttosto che per vantaggi personali. Questo approccio aiuta a costruire una leadership basata sulla fiducia e sull'integrità.

Non sentire il fallimento come un segno di debolezza, ma come un'opportunità di apprendimento
Nel cammino della leadership, i fallimenti sono inevitabili. Le Tre Scimmiette ci suggeriscono di "non sentire" il fallimento come una debolezza, ma come un'opportunità di crescita e apprendimento. Un leader efficace sa che ogni errore porta con sé una lezione importante. Quando il fallimento è visto come parte integrante del processo di crescita, si crea una cultura di resilienza all'interno del gruppo, dove le sfide vengono affrontate con coraggio e determinazione.

Non parlare di sé in termini di superiorità, ma come parte di un team

Un buon leader non si pone mai sopra gli altri, ma lavora come parte di un team. Le Tre Scimmiette ci invitano a "non parlare" di noi stessi come se fossimo superiori agli altri, ma come membri di un gruppo che contribuiscono al successo collettivo. Quando un leader si vede come un pari, piuttosto che come qualcuno da cui gli altri devono dipendere, promuove un senso di collaborazione e inclusività. La leadership, dunque, diventa un processo di servizio e supporto reciproco, in cui ogni individuo è valorizzato per il suo contributo unico.

38. Le Tre Scimmiette e la Creatività

La creatività è una risorsa infinita che può essere coltivata e nutrita per migliorare ogni aspetto della vita, dal lavoro alle relazioni. Le Tre Scimmiette ci forniscono degli spunti per liberare la nostra creatività, superando le barriere mentali e culturali che ci impediscono di pensare fuori dagli schemi.

Non vedere la creatività come una capacità innata, ma come una competenza da sviluppare

Molti credono che la creatività sia un talento innato, riservato a pochi eletti. Le Tre Scimmiette ci insegnano a "non vedere" la creatività come qualcosa che nasce solo in pochi, ma come una competenza che tutti possono sviluppare. La creatività è un'attitudine che può essere coltivata con la pratica, la curiosità e l'apertura mentale. Non dobbiamo limitarci a pensare che solo alcuni siano in grado di creare, ma possiamo liberare la nostra creatività attraverso esperimenti, errori e nuove esperienze.

Non sentire la paura del giudizio come un ostacolo, ma come una sfida da superare

La paura del giudizio può frenare la nostra capacità di esprimere idee nuove. Le Tre Scimmiette ci incoraggiano a "non sentire" la paura come un ostacolo invalicabile, ma come una sfida da superare. Per essere creativi, dobbiamo imparare a lasciar andare il timore di essere criticati e ad abbracciare il rischio di fallire. Ogni fallimento è una lezione che ci avvicina alla realizzazione di qualcosa di nuovo. La creatività richiede audacia e il coraggio di essere vulnerabili, senza preoccuparsi di come gli altri reagiranno.

Non parlare delle proprie idee come se fossero definitive, ma come inizi di nuovi progetti

Le Tre Scimmiette ci invitano anche a "non parlare" delle nostre idee come se fossero definitive, ma come inizi di nuovi progetti. La creatività è un processo continuo, che evolve e si trasforma nel tempo. Le idee che nascono oggi potrebbero non essere perfette, ma sono solo il punto di partenza per qualcosa di più grande. Abbracciando questo approccio, ci permettiamo di sperimentare, modificare e migliorare costantemente le nostre idee, senza rimanere bloccati dalla necessità di perfezione.

39. Le Tre Scimmiette e la Natura Umana

Le Tre Scimmiette rappresentano, in modo simbolico, le complessità della natura umana: i nostri limiti, le nostre sfide e il nostro potenziale. Comprendere la loro filosofia significa anche riconoscere che siamo esseri complessi, con una vasta gamma di emozioni, pensieri e reazioni.

Non vedere gli altri come semplici etichette, ma come individui complessi e unici

In un mondo dove spesso etichettiamo le persone in base a pregiudizi o stereotipi, Le Tre Scimmiette ci insegnano a "non vedere" gli altri come semplici etichette, ma come individui complessi e unici. Ogni persona ha una storia, una prospettiva e un'esperienza che vale la pena ascoltare e comprendere. Solo riconoscendo la complessità dell'essere umano possiamo creare un mondo più inclusivo e accogliente, dove le differenze sono celebrate piuttosto che temute.

Non sentire la solitudine come una condanna, ma come una fase di riflessione e crescita

La solitudine, spesso percepita negativamente, può essere una risorsa importante per il nostro sviluppo interiore. Le Tre Scimmiette ci invitano a "non sentire" la solitudine come una condanna, ma come una fase di riflessione e crescita. La solitudine ci offre lo spazio necessario per esplorare i nostri pensieri, emozioni e desideri, permettendoci di raggiungere una comprensione più profonda di noi stessi. Non è un vuoto da temere, ma un'opportunità di introspezione.

Non parlare della nostra natura umana come di un difetto, ma come di una risorsa di potenziale infinito

Infine, Le Tre Scimmiette ci invitano a "non parlare" della nostra natura umana come se fosse un difetto, ma come una risorsa di potenziale infinito. Essere umani significa essere capaci di sbagliare, ma anche di imparare, di evolvere e di crescere. La nostra imperfezione è ciò che ci rende autentici e capaci di empatizzare con gli altri. Riconoscendo il nostro potenziale infinito, possiamo affrontare le sfide della vita con speranza e determinazione, senza arrenderci mai alla nostra natura imperfetta, ma piuttosto celebrandola come una forza di trasformazione.

40. Le Tre Scimmiette come Strumento di Autoconsapevolezza

Le Tre Scimmiette offrono un'importante lezione di autoconsapevolezza. Attraverso il loro silenzio e il distacco, ci invitano a esplorare il nostro mondo interiore e ad affrontare i nostri pensieri, emozioni e comportamenti in modo più riflessivo. Il loro messaggio ci incoraggia a praticare l'introspezione, a non agire impulsivamente e a scegliere le nostre risposte con maggiore consapevolezza.

Non vedere le situazioni in modo reattivo, ma fermarsi a riflettere prima di agire

Spesso, reagiamo automaticamente agli stimoli esterni senza prendere il tempo di riflettere su di essi. Le Tre Scimmiette ci invitano a "non vedere" le situazioni in modo reattivo, ma a fermarci e riflettere prima di agire. La riflessione ci aiuta a fare scelte più ponderate, a evitare impulsi che potrebbero portarci a errori, e a sviluppare una maggiore consapevolezza delle nostre azioni.

Non sentire il bisogno di reagire alle emozioni immediate, ma di osservare il flusso emotivo senza esserne sopraffatti

Anche le emozioni possono essere gestite meglio se impariamo a "non sentire" la necessità di reagire immediatamente, ma di osservarle con distacco. Le emozioni sono transitorie e non determinano necessariamente il nostro comportamento. Imparare a non essere sopraffatti da esse ci consente di prendere decisioni più razionali e di vivere con maggiore serenità.

Non parlare senza consapevolezza, ma con intenzione e autenticità

Infine, Le Tre Scimmiette ci suggeriscono di "non parlare" senza consapevolezza, ma con intenzione e autenticità. Le parole hanno il potere di costruire o distruggere, quindi è importante essere consapevoli di ciò che diciamo e dell'impatto che le nostre parole possono avere sugli altri. Parlare con intenzione significa usare il linguaggio in modo che promuova il bene, la comprensione e la connessione, piuttosto che alimentare conflitti o malintesi.

Conclusione Finale: Le Tre Scimmiette come Guida Universale

Le Tre Scimmiette sono un simbolo potente e universale che ci invita a vivere una vita consapevole, equilibrata e compassionevole. Non si tratta solo di evitare il male, ma di sviluppare una visione più profonda e riflessiva delle nostre esperienze, delle nostre emozioni e delle nostre relazioni. Applicare i principi di "non vedere, non sentire, non parlare" ci aiuta a vivere con maggiore serenità, equilibrio e autenticità. La loro filosofia è un invito a costruire un mondo più pacifico, giusto e umano, in cui siamo in grado di rispondere alle sfide della vita con saggezza e compassione, trasformando ogni difficoltà in un'opportunità di crescita e di connessione.

41. Le Tre Scimmiette e l'Autodisciplina

L'autodisciplina è una qualità fondamentale per raggiungere i propri obiettivi e vivere una vita equilibrata. Le Tre Scimmiette, con la loro capacità di restare distaccate e di non agire impulsivamente, ci offrono un modello che possiamo applicare nel nostro percorso di autodisciplina.

Non vedere la gratificazione immediata come una necessità, ma come una tentazione da superare

Nel mondo moderno, siamo spesso attratti dalla gratificazione immediata: dalla velocità delle risposte digitali, alla soddisfazione rapida che alcune abitudini ci danno. Le Tre Scimmiette ci insegnano a "non vedere" queste tentazioni come necessità, ma come distrazioni che ci allontanano dai nostri obiettivi più grandi. L'autodisciplina implica la capacità di rinunciare a piaceri temporanei in favore di obiettivi più duraturi, come la crescita personale, il benessere o il successo professionale.

Non sentire la fatica come un ostacolo, ma come una prova che ci rafforza

Il cammino verso la realizzazione richiede fatica e sacrificio. Le Tre Scimmiette ci suggeriscono di "non sentire" la fatica come un ostacolo insormontabile, ma come una prova che ci rafforza. L'autodisciplina spesso implica lavorare duramente, anche quando non ci sono risultati immediati. Accettare la fatica come una parte naturale del processo di crescita ci aiuta a perseverare nei momenti difficili, rendendoci più resilienti e determinati.

Non parlare delle difficoltà come se fossero insuperabili, ma come sfide da affrontare con calma e lucidità

Quando affrontiamo difficoltà, tendiamo a parlarne come se fossero problemi insuperabili. Le Tre Scimmiette ci insegnano a "non parlare" delle difficoltà in questo modo, ma a vederle come sfide da affrontare con calma e lucidità. L'autodisciplina ci aiuta a mantenere la mente chiara e focalizzata, nonostante le difficoltà, e a non cedere alla tentazione di arrenderci. In questo modo, le difficoltà diventano opportunità per allenare la nostra resilienza e la nostra capacità di restare concentrati sugli obiettivi a lungo termine.

42. Le Tre Scimmiette e la Comunicazione Consapevole

La comunicazione è una delle competenze più importanti nella vita personale e professionale. Le Tre Scimmiette ci invitano a riflettere su come possiamo comunicare in modo più consapevole, rispettoso e autentico, utilizzando la loro filosofia di silenzio e distacco come guida.

Non vedere la comunicazione come un gioco di potere, ma come uno strumento di connessione e comprensione reciproca

La comunicazione può facilmente diventare un gioco di potere, dove l'obiettivo è prevalere sull'altro. Le Tre Scimmiette ci ricordano di "non vedere" la comunicazione come uno strumento di dominio, ma come una possibilità di connessione e comprensione reciproca.

Comunicare consapevolmente significa ascoltare veramente l'altro, cercare di comprendere la sua prospettiva e rispondere in modo rispettoso. Questo approccio promuove il dialogo, la cooperazione e il rispetto reciproco.

Non sentire la necessità di parlare sempre, ma sapere quando è meglio rimanere in silenzio

A volte, la comunicazione più potente è quella del silenzio. Le Tre Scimmiette ci insegnano a "non sentire" la necessità di parlare sempre, ma a sapere quando è meglio rimanere in silenzio. Il silenzio ci permette di riflettere, ascoltare profondamente e dare spazio all'altro. In molte situazioni, rispondere immediatamente non è la scelta migliore; piuttosto, prendere un momento di pausa può portare a una comunicazione più ponderata e sincera.

Non parlare senza scopo, ma con intenzione e chiarezza

Le parole hanno un grande potere, ma devono essere utilizzate con consapevolezza. Le Tre Scimmiette ci suggeriscono di "non parlare" senza scopo, ma con intenzione e chiarezza. Ogni parola che diciamo ha un impatto su chi ci ascolta. Comunicare con chiarezza e consapevolezza aiuta a evitare malintesi, conflitti e frustrazioni. Inoltre, ci permette di esprimere il nostro pensiero in modo più efficace e costruttivo, favorendo il dialogo e la comprensione.

43. Le Tre Scimmiette e l'Equilibrio tra Vita Personale e Professionale

Nella vita moderna, trovare un equilibrio tra gli impegni professionali e personali è una sfida costante. Le Tre Scimmiette possono aiutarci a sviluppare un approccio più equilibrato, evitando l'eccessiva pressione e stress che derivano dal cercare di fare tutto in modo perfetto.

Non vedere il lavoro come l'unica fonte di valore, ma come una parte del nostro cammino

Molti di noi tendono a identificarsi troppo con il lavoro, vedendolo come l'unica fonte di valore o realizzazione. Le Tre Scimmiette ci insegnano a "non vedere" il lavoro come l'unica parte della nostra vita che conta, ma come una parte di un cammino più ampio. La vita è fatta di molte dimensioni, e il nostro benessere dipende anche dalla cura delle relazioni, dalla crescita personale e dalla nostra salute mentale e fisica. Mantenere un equilibrio tra lavoro e vita personale è essenziale per vivere una vita sana e soddisfacente.

Non sentire la pressione di dover fare tutto, ma imparare a delegare e a chiedere aiuto

Il desiderio di fare tutto da soli può portare a stress e a un eccessivo carico di lavoro. Le Tre Scimmiette ci suggeriscono di "non sentire" questa pressione, ma di imparare a delegare e a chiedere aiuto quando necessario.

L'autoconsapevolezza ci permette di riconoscere quando abbiamo bisogno di supporto, senza sentirci indegni o incapaci. L'equilibrio deriva anche dal saper chiedere aiuto e condividere il carico con gli altri, piuttosto che cercare di fare tutto da soli.

Non parlare di sacrifici come se fossero necessari per il successo, ma vedere l'equilibrio come la chiave per la felicità

Molti credono che il successo richieda sacrifici enormi, e che la felicità debba essere conquistata con impegno incessante. Le Tre Scimmiette ci insegnano a "non parlare" di sacrifici come se fossero una condizione necessaria per il successo, ma a riconoscere che l'equilibrio è la chiave per la felicità. Non è necessario sacrificare la nostra vita personale o il nostro benessere per raggiungere il successo. La vera realizzazione deriva dall'essere in equilibrio, dal prendersi cura di noi stessi e dagli altri, e dal coltivare una vita soddisfacente su tutti i fronti.

44. Le Tre Scimmiette e la Cura di Sé

Infine, Le Tre Scimmiette ci offrono importanti lezioni anche sulla cura di sé, che è fondamentale per vivere una vita sana e soddisfacente. La cura di sé non riguarda solo il corpo, ma anche la mente e lo spirito.

Non vedere la cura di sé come un lusso, ma come una necessità per il nostro benessere

Molti vedono la cura di sé come un lusso, qualcosa che può essere trascurato se non c'è abbastanza tempo o risorse. Le Tre Scimmiette ci insegnano a "non vedere" la cura di sé come un lusso, ma come una necessità. Prendersi cura di sé è essenziale per mantenere un equilibrio emotivo e fisico, per avere la forza di affrontare le sfide della vita e per essere in grado di prendersi cura degli altri. Senza cura di sé, rischiamo di esaurirci e di compromettere la nostra capacità di dare il meglio di noi stessi.

Non sentire il bisogno di sacrificare il nostro benessere per gli altri, ma riconoscere che possiamo essere più utili quando siamo in salute e sereni

Molti tendono a sacrificare il proprio benessere per gli altri, pensando che sia necessario per essere utili. Le Tre Scimmiette ci invitano a "non sentire" questo bisogno, ma a riconoscere che possiamo essere più utili agli altri quando siamo in salute e sereni. La cura di sé non è egoismo, ma un atto di responsabilità verso noi stessi e verso chi ci sta accanto. Prendersi cura di sé ci permette di essere più presenti, più efficaci e più amorevoli.

Non parlare di noi stessi come se non meritassimo tempo per il riposo e il recupero, ma come esseri che hanno bisogno di pace per crescere

Le Tre Scimmiette ci suggeriscono di "non parlare" di noi stessi come se non meritassimo tempo per il riposo e il recupero. Il riposo è essenziale per la nostra crescita, sia fisica che emotiva. Solo quando ci concediamo il tempo per ricaricarci possiamo essere veramente produttivi e soddisfatti. La pace interiore e il recupero sono componenti vitali per una vita equilibrata e di successo.

Conclusione Finale: Un Modo di Vivere Consapevole e Responsabile

Le Tre Scimmiette ci offrono una visione profonda e consapevole della vita, invitandoci a riflettere su come possiamo vivere con maggiore equilibrio, saggezza e rispetto per noi stessi e gli altri. Il loro insegnamento di "non vedere, non sentire, non parlare" ci spinge a sviluppare una consapevolezza più profonda delle nostre azioni, emozioni e pensieri, guidandoci verso una vita più autentica e significativa. Integrando questi principi nel nostro cammino quotidiano, possiamo creare una realtà più pacifica, più giusta e più empatica, dove la cura di sé, l'autodisciplina e la comunicazione consapevole sono al centro della nostra esperienza.

45. Le Tre Scimmiette e la Mindfulness

La mindfulness, o consapevolezza, è una pratica che ci aiuta a vivere nel presente, ad essere consapevoli dei nostri pensieri, emozioni e azioni senza giudicarli. Le Tre Scimmiette, con il loro silenzio e distacco, sono un potente simbolo per sviluppare una maggiore consapevolezza. Ci invitano a non agire in modo impulsivo, ma a fermarci e riflettere su ciò che accade dentro di noi e intorno a noi.

Non vedere il mondo solo con gli occhi della mente, ma anche con quelli del cuore

La mindfulness ci insegna a osservare il mondo non solo con gli occhi della mente, ma anche con quelli del cuore. Le Tre Scimmiette ci ricordano di "non vedere" solo attraverso i filtri delle nostre opinioni e pregiudizi, ma di aprire la nostra percezione alla bellezza e alla verità di ciò che è presente nel momento. Quando pratichiamo la consapevolezza, impariamo a guardare oltre le apparenze, ad accogliere ogni esperienza senza giudizio e ad aprirci con gentilezza a ciò che ci circonda.

Non sentire la necessità di controllare tutto, ma di accettare ciò che è

La pratica della mindfulness ci insegna anche a "non sentire" la necessità di controllare ogni aspetto della nostra vita. Invece, impariamo ad accettare ciò che è, senza resistenza. Le Tre Scimmiette, con il loro atteggiamento di distacco, ci invitano a non reagire impulsivamente alle situazioni, ma a osservare ciò che accade, ad accogliere le emozioni e i pensieri senza cercare di manipolarli. Accettare la realtà così com'è, senza volerla cambiare immediatamente, ci aiuta a trovare la pace interiore e a vivere con maggiore serenità.

Non parlare continuamente, ma trovare la quiete nella parola e nel silenzio

La mindfulness ci invita anche a riflettere sul potere delle parole. Le Tre Scimmiette, con il loro silenzio, ci insegnano che non dobbiamo parlare continuamente per essere ascoltati o per avere valore. Invece, le parole che pronunciamo dovrebbero essere piene di consapevolezza, scelte con attenzione e dette con l'intenzione di portare chiarezza e comprensione. Il silenzio, a volte, è la risposta più potente. Praticare la mindfulness ci aiuta a scoprire che c'è saggezza anche nel non parlare, nel concedere agli altri lo spazio di esprimersi e nel darci il permesso di ascoltare profondamente.

46. Le Tre Scimmiette e la Pace Interiore

La pace interiore è uno degli obiettivi più ambiti nella vita di ciascuno. Essa nasce dalla capacità di vivere in armonia con noi stessi, di accettare i nostri limiti e di affrontare le difficoltà con serenità. Le Tre Scimmiette ci insegnano che la pace interiore non dipende dall'assenza di problemi, ma dalla nostra capacità di reagire con consapevolezza e calma.

Non vedere i problemi come nemici, ma come opportunità di crescita
Le Tre Scimmiette ci invitano a "non vedere" i problemi come ostacoli insuperabili, ma come occasioni di crescita. Ogni difficoltà che incontriamo può essere una lezione che ci porta a diventare persone più forti e più sagge. La pace interiore nasce dalla consapevolezza che non possiamo controllare tutto, ma che possiamo sempre scegliere come reagire. Invece di lottare contro le difficoltà, possiamo imparare ad affrontarle con tranquillità, consapevoli che ogni esperienza è parte del nostro cammino evolutivo.

Non sentire la necessità di avere sempre ragione, ma di accogliere gli altri con comprensione
Molto spesso, la nostra pace interiore è minata dal desiderio di avere sempre ragione. Le Tre Scimmiette ci insegnano a "non sentire" questo bisogno, ma a sviluppare una mentalità di comprensione e accettazione. Quando impariamo ad ascoltare senza giudicare e a rispondere con empatia, creiamo un ambiente di pace, sia dentro di noi che attorno a noi. La pace interiore cresce quando smettiamo di cercare la perfezione nelle nostre idee e nelle nostre convinzioni, e iniziamo a valorizzare il dialogo e l'ascolto.

Non parlare di ciò che non possiamo cambiare, ma concentrarci su ciò che possiamo influenzare
La pace interiore nasce anche dalla nostra capacità di distinguere tra ciò che possiamo cambiare e ciò che non possiamo controllare. Le Tre Scimmiette ci invitano a "non parlare" delle cose che sono fuori dal nostro controllo, ma a concentrarci su ciò che possiamo influenzare.

Quando impariamo a focalizzarci su ciò che dipende da noi, smettiamo di preoccuparci per ciò che non possiamo modificare e viviamo con maggiore serenità. Accettare i limiti della nostra influenza ci aiuta a coltivare la pace interiore, poiché ci rende consapevoli che non siamo responsabili per ogni cosa che accade nel mondo.

47. Le Tre Scimmiette e la Spiritualità

Le Tre Scimmiette non sono solo un simbolo di disciplina mentale ed emotiva, ma possono anche essere applicate al nostro percorso spirituale. La spiritualità, intesa come ricerca di significato, di connessione e di trascendenza, richiede una profonda consapevolezza di sé e del mondo circostante.

Non vedere la spiritualità come un obiettivo da raggiungere, ma come un cammino da percorrere

Spesso vediamo la spiritualità come qualcosa da conquistare, un obiettivo che dobbiamo raggiungere. Le Tre Scimmiette ci invitano a "non vedere" la spiritualità in questo modo, ma a considerarla come un cammino, una ricerca che dura tutta la vita. Non è una meta finale, ma un processo continuo di crescita, scoperta e trasformazione. La spiritualità non è qualcosa da ottenere, ma una dimensione della nostra esistenza da esplorare ogni giorno, attraverso la consapevolezza, la riflessione e la connessione profonda con l'universo.

Non sentire la spiritualità come separata dalla vita quotidiana, ma come una parte integrata della nostra esperienza

Le Tre Scimmiette ci ricordano che la spiritualità non è qualcosa che appartiene solo ai momenti di meditazione o di preghiera, ma deve essere integrata nella nostra vita quotidiana. Non dobbiamo separare la nostra vita spirituale da quella materiale. Ogni momento, ogni azione, può essere un'opportunità per esprimere la nostra consapevolezza spirituale. Trattare gli altri con gentilezza, prendersi cura della nostra salute, vivere con intenzionalità – questi sono tutti modi di vivere la spiritualità nel mondo. La spiritualità si esprime nel nostro modo di agire, di pensare e di relazionarci.

Non parlare della spiritualità come di una verità assoluta, ma come di un'esperienza personale e condivisa

Infine, Le Tre Scimmiette ci insegnano a "non parlare" della spiritualità come se fosse una verità assoluta, ma come un'esperienza personale e condivisa. Ogni individuo vive la spiritualità in modo unico, e ogni cammino spirituale è diverso. Le convinzioni e le esperienze di ognuno meritano rispetto. Invece di cercare di imporre la nostra visione agli altri, possiamo condividere la nostra esperienza con umiltà e apertura, accettando che la spiritualità è un viaggio individuale che si intreccia con quello degli altri.

Conclusione Finale: La Saggezza delle Tre Scimmiette per una Vita Piena e Realizzata

Le Tre Scimmiette, con la loro rappresentazione simbolica di "non vedere, non sentire, non parlare", ci offrono una guida potente per vivere una vita più

consapevole, equilibrata e significativa. In ogni aspetto della nostra vita –
dall'autoconsapevolezza alla leadership, dalla comunicazione alla spiritualità –
possiamo applicare i loro insegnamenti per affrontare le sfide della vita con maggiore saggezza e serenità.

Non si tratta di eliminare completamente il male o le difficoltà, ma di imparare a rispondere in modo più riflessivo, empatico e consapevole. Le Tre
Scimmiette ci invitano a vedere il mondo con occhi nuovi, a non essere schiavi
delle nostre emozioni, a parlare con intenzione e chiarezza, e a coltivare una pace interiore che ci permette di navigare la vita con calma e determinazione. Integrando questi principi nel nostro quotidiano, possiamo creare un mondo più
compassionevole, più giusto e più autentico, in cui la consapevolezza, la pace e
l'equilibrio sono al centro della nostra esperienza.

48. Le Tre Scimmiette e la Resilienza

La resilienza è la capacità di affrontare le difficoltà, di adattarsi ai cambiamenti e di rimanere motivati nonostante le avversità. Le Tre Scimmiette, con il loro atteggiamento di distacco e saggezza, ci offrono insegnamenti fondamentali
su come sviluppare questa qualità essenziale.

**Non vedere le difficoltà come un fallimento, ma come un'opportunità di
crescita**
Spesso, quando affrontiamo sfide, tendiamo a vedere la situazione come un
fallimento personale. Le Tre Scimmiette ci suggeriscono di "non vedere" le difficoltà in questo modo, ma di considerarle come opportunità per crescere. Ogni
ostacolo che incontriamo può insegnarci qualcosa di nuovo su noi stessi e sul
mondo. La resilienza nasce dalla capacità di non arrendersi di fronte agli insuccessi, ma di imparare da essi e di continuare a camminare.

**Non sentire il peso dei fallimenti passati, ma imparare da essi senza la-
sciare che ci definiscano**
La resilienza richiede anche la capacità di liberarsi dai pesi del passato. Le
Tre Scimmiette ci invitano a "non sentire" il peso dei fallimenti passati, ma a
guardare avanti, senza che le esperienze negative ci definiscano. Ogni fallimento è una lezione, non un marchio indelebile sulla nostra identità. Imparare a fare
pace con il passato e ad usarlo come base per la crescita futura è fondamentale
per sviluppare resilienza.

**Non parlare delle nostre difficoltà come se fossero insormontabili, ma
come se fossero sfide da superare**
La resilienza è anche la capacità di parlare delle difficoltà in modo positivo e
costruttivo. Le Tre Scimmiette ci insegnano a "non parlare" delle difficoltà come
se fossero insuperabili, ma a vederle come sfide che possiamo affrontare con

determinazione e lucidità. Le parole che usiamo hanno un grande impatto sul nostro stato d'animo e sulla nostra percezione della realtà. Parlare delle difficoltà con un atteggiamento positivo ci aiuta a rimanere concentrati sulle soluzioni anziché sui problemi.

49. Le Tre Scimmiette e la Gratitudine

La gratitudine è una delle pratiche più potenti per coltivare il benessere e la felicità. Le Tre Scimmiette, con il loro comportamento distaccato e silenzioso, ci invitano a riflettere su come la gratitudine possa arricchire la nostra vita e portare pace al nostro spirito.

Non vedere solo ciò che ci manca, ma ciò che già possediamo
Le Tre Scimmiette ci insegnano a "non vedere" solo ciò che ci manca, ma a concentrarci su ciò che già possediamo. La gratitudine nasce quando impariamo a riconoscere e apprezzare le benedizioni che abbiamo nella nostra vita, anche quelle più piccole. Invece di concentrarci sui nostri desideri insoddisfatti, possiamo coltivare una mentalità di abbondanza, riconoscendo la ricchezza di esperienze e relazioni che ci circonda.

Non sentire la mancanza di qualcosa come una sofferenza, ma come un invito ad apprezzare il presente
La gratitudine ci aiuta anche a non "sentire" la mancanza come una sofferenza, ma come un'opportunità per apprezzare di più ciò che abbiamo ora. Ogni momento della nostra vita è un dono, e la consapevolezza del presente ci permette di vivere con maggiore pienezza. Quando ci concentriamo su ciò che abbiamo, anziché su ciò che ci manca, possiamo trasformare ogni giorno in un motivo di gratitudine.

Non parlare di ciò che ci manca, ma di ciò che possiamo offrire agli altri
Le Tre Scimmiette ci invitano anche a "non parlare" di ciò che ci manca, ma a concentrarci su ciò che possiamo offrire. La gratitudine non si esprime solo nella riflessione su ciò che abbiamo, ma anche nell'atto di condividere con gli altri ciò che ci è stato dato. Essere grati significa anche essere generosi, offrendo il nostro tempo, le nostre risorse e il nostro amore agli altri.

50. Le Tre Scimmiette e la Creatività

La creatività è la capacità di pensare fuori dagli schemi, di trovare soluzioni nuove e innovative ai problemi. Le Tre Scimmiette ci offrono una prospettiva interessante su come sviluppare la nostra creatività, combinando il silenzio e la consapevolezza con l'immaginazione.

Non vedere le limitazioni come barriere, ma come occasioni per esplorare soluzioni nuove
Le Tre Scimmiette ci insegnano a "non vedere" le limitazioni come barriere insormontabili, ma come occasioni per esplorare nuove soluzioni. La creatività spesso nasce da una sfida, da un limite da superare. Quando non ci arrendiamo di fronte agli ostacoli e cerchiamo alternative, scopriamo potenzialità che non avremmo mai immaginato. Le difficoltà, quindi, non sono nemiche della creatività, ma stimoli per il pensiero innovativo.

Non sentire la paura del fallimento, ma utilizzare ogni errore come un passo verso il successo
La creatività richiede anche la capacità di affrontare il fallimento con serenità. Le Tre Scimmiette ci suggeriscono di "non sentire" la paura del fallimento, ma di usarlo come un passo verso il successo. Ogni errore è una parte del processo creativo, una lezione che ci aiuta a perfezionare la nostra idea. La resilienza e la consapevolezza ci permettono di vedere il fallimento non come un segno di incapacità, ma come una risorsa per migliorare.

Non parlare delle idee come se fossero definitive, ma come se fossero in continua evoluzione
Le Tre Scimmiette ci insegnano a "non parlare" delle nostre idee come se fossero definitive, ma a vederle come qualcosa di in continua evoluzione. La creatività richiede apertura al cambiamento e alla revisione. Le idee, anche quelle più promettenti, possono trasformarsi e maturare con il tempo. Essere creativi significa essere disposti a rivedere e adattare il nostro pensiero, aprendoci a nuove possibilità.

51. Le Tre Scimmiette e l'Integrazione tra Corpo, Mente e Spirito

Un altro insegnamento fondamentale delle Tre Scimmiette riguarda l'integrazione tra corpo, mente e spirito. La vera armonia si raggiunge quando queste tre dimensioni sono allineate e lavorano insieme per il nostro benessere complessivo.

Non vedere il corpo come un'entità separata dalla mente, ma come un alleato nella nostra evoluzione
Le Tre Scimmiette ci ricordano di "non vedere" il corpo come qualcosa di separato dalla mente, ma come un alleato nella nostra evoluzione. Il corpo è la nostra casa fisica, e prendersene cura è essenziale per la nostra crescita.

Quando ci prendiamo cura del nostro corpo attraverso una dieta sana, l'esercizio fisico e il riposo, stiamo alimentando anche la nostra mente e il nostro spirito.

Non sentire la mente come un'entità separata dallo spirito, ma come una forza che guida il nostro cammino spirituale

Le Tre Scimmiette ci suggeriscono di "non sentire" la mente come separata dallo spirito, ma come una forza che ci guida nel nostro cammino spirituale. La mente è il luogo dove germogliano le nostre idee, le nostre emozioni e le nostre credenze. Quando la mente è in pace e in equilibrio, lo spirito può esprimersi liberamente. Coltivare la consapevolezza mentale attraverso la meditazione e il pensiero positivo aiuta a favorire una connessione più profonda con il nostro spirito.

Non parlare del corpo, della mente o dello spirito come se fossero entità separate, ma come parti di un unico sistema integrato

Infine, Le Tre Scimmiette ci insegnano a "non parlare" del corpo, della mente e dello spirito come entità separate, ma come parti di un unico sistema integrato. Quando vediamo queste tre dimensioni come interconnesse, possiamo raggiungere un equilibrio più profondo. Ogni aspetto di noi stessi influenza gli altri, e prendersi cura di ciascuno di essi è essenziale per vivere una vita piena e realizzata.

Conclusione Finale: Un Cammino di Saggezza e Consapevolezza

Le Tre Scimmiette ci offrono un percorso di vita ricco di saggezza, consapevolezza e introspezione. Seguendo i loro insegnamenti – "non vedere, non sentire, non parlare" – possiamo vivere con maggiore equilibrio, affrontare le sfide con resilienza, coltivare la gratitudine, esprimere la nostra creatività e integrarci più profondamente con noi stessi e con il mondo che ci circonda. La loro filosofia ci invita a essere presenti nel momento, ad agire con intenzione e a vivere in armonia con tutto ciò che è.

Incorporare questi principi nella nostra vita quotidiana ci permette di creare una realtà più serena, consapevole e autentica, in cui possiamo esplorare il nostro potenziale e contribuire al benessere collettivo. Le Tre Scimmiette, quindi, non sono solo un simbolo di silenzio e distacco, ma una guida profonda per vivere una vita piena e significativa.

52. Le Tre Scimmiette e la Leadership Consapevole

La leadership consapevole si basa sull'idea di guidare con empatia, visione e responsabilità. Le Tre Scimmiette ci offrono lezioni potenti per sviluppare una leadership che sia autentica e rispettosa degli altri, orientata non solo al risultato, ma al benessere collettivo.

Non vedere la leadership come un ruolo di potere, ma come una responsabilità verso gli altri

Le Tre Scimmiette ci insegnano che la leadership non deve essere vista come un esercizio di potere personale, ma come una responsabilità verso coloro che ci seguono. Un vero leader non impone il proprio punto di vista, ma cerca di guidare con umiltà, ponendo al centro il benessere del gruppo. Quando "non vediamo" la leadership come un'opportunità per dominare, ma come un'occasione per servire, creiamo un ambiente di lavoro più armonioso e collaborativo.

Non sentire il bisogno di avere sempre tutte le risposte, ma ascoltare gli altri e imparare da loro

Un altro insegnamento importante delle Tre Scimmiette riguarda l'ascolto attivo. La leadership consapevole non implica il possesso di tutte le risposte, ma la capacità di ascoltare profondamente gli altri. "Non sentire" il bisogno di essere sempre colui che sa tutto, ma invece sviluppare l'umiltà di ascoltare e di imparare dagli altri, è fondamentale per creare una cultura di apertura e crescita. I leader migliori sono quelli che sanno come ascoltare, che riconoscono le competenze degli altri e sanno valorizzarle.

Non parlare senza riflettere, ma comunicare con chiarezza e consapevolezza

Le Tre Scimmiette ci invitano a "non parlare" senza riflettere, ma a comunicare con consapevolezza. Una leadership autentica non si esprime con parole vuote o superficiali, ma con una comunicazione chiara, ponderata e onesta. Le parole di un leader hanno un grande impatto sul morale e sull'orientamento del gruppo, e quindi è essenziale che ogni parola sia scelta con attenzione e con l'intento di ispirare e guidare.

53. *Le Tre Scimmiette e il Cambiamento*

Il cambiamento è una costante nella vita, e la nostra capacità di affrontarlo con serenità e apertura determina spesso il nostro successo e il nostro benessere. Le Tre Scimmiette ci offrono una prospettiva interessante su come navigare i cambiamenti in modo consapevole e positivo.

Non vedere il cambiamento come una minaccia, ma come una possibilità di rinnovamento

Molte volte vediamo il cambiamento come una minaccia o una fonte di ansia. Le Tre Scimmiette ci invitano a "non vedere" il cambiamento in questo modo, ma a considerarlo come un'opportunità per rinnovarci. Ogni trasformazione è un'occasione per crescere, per imparare nuove lezioni e per fare esperienze che altrimenti non avremmo mai avuto. La resilienza ci permette di affrontare il cambiamento con apertura, sapendo che ogni fase della vita porta con sé nuove possibilità.

Non sentire la paura del cambiamento, ma accogliere l'incertezza con fiducia

La paura del cambiamento è una delle emozioni più comuni, ma Le Tre Scimmiette ci insegnano a "non sentire" questa paura come una barriera invalicabile. Invece di temere l'incertezza, possiamo imparare a viverla con fiducia. La consapevolezza ci aiuta a rimanere centrati e tranquilli di fronte all'ignoto, permettendoci di abbracciare il cambiamento senza essere sopraffatti. Accogliere l'incertezza con un atteggiamento positivo è un passo importante per affrontare le sfide che il cambiamento ci presenta.

Non parlare del cambiamento come di una perdita, ma come di una fase di crescita continua

Le Tre Scimmiette ci suggeriscono di "non parlare" del cambiamento come di una perdita definitiva, ma come di una fase di crescita continua. Ogni cambiamento, se affrontato con la giusta mentalità, diventa un passo avanti nel nostro cammino evolutivo. Non dobbiamo vedere ciò che stiamo lasciando come qualcosa di perduto, ma come un'opportunità per espandere la nostra visione e per abbracciare nuovi orizzonti.

54. Le Tre Scimmiette e la Felicità

La felicità non è un obiettivo da raggiungere, ma una pratica da coltivare quotidianamente. Le Tre Scimmiette ci offrono spunti importanti su come vivere una vita felice, nonostante le difficoltà e le sfide che incontriamo lungo il cammino.

Non vedere la felicità come una meta da raggiungere, ma come una condizione da coltivare ogni giorno

Spesso vediamo la felicità come un traguardo da raggiungere, qualcosa che dipende dalle circostanze esterne. Le Tre Scimmiette ci insegnano a "non vedere" la felicità in questo modo, ma come una condizione che possiamo coltivare ogni giorno. La felicità nasce dalla consapevolezza di essere presenti nel momento, dall'apprezzare le piccole cose, e dal riconoscere il valore intrinseco di ogni esperienza.

Non sentire la felicità come un'emozione dipendente dalle circostanze, ma come una scelta interna

Le Tre Scimmiette ci suggeriscono anche di "non sentire" la felicità come un'emozione che dipende solo dalle circostanze esterne. La felicità è una scelta interiore, che possiamo nutrire attraverso il pensiero positivo, la gratitudine, e l'accettazione. Le circostanze possono influenzare temporaneamente il nostro stato d'animo, ma la vera felicità deriva dalla nostra attitudine mentale e dal modo in cui reagiamo agli eventi della vita.

Non parlare della felicità come di un qualcosa da ottenere, ma come di un modo di vivere

Infine, Le Tre Scimmiette ci invitano a "non parlare" della felicità come se fosse qualcosa da ottenere, ma come un modo di vivere. La felicità è una pratica quotidiana, una scelta che facciamo ogni giorno nel nostro modo di pensare, di agire e di relazionarci con gli altri. Quando viviamo in modo autentico, senza essere troppo attaccati ai risultati o alle aspettative, possiamo sperimentare la felicità come una parte naturale della nostra vita.

55. Le Tre Scimmiette e l'Equilibrio Emotivo

L'equilibrio emotivo è la capacità di riconoscere, comprendere e gestire le nostre emozioni in modo sano. Le Tre Scimmiette ci offrono un importante insegnamento su come mantenere la calma e l'equilibrio, anche di fronte alle emozioni più intense.

Non vedere le emozioni come qualcosa da evitare, ma come messaggi da ascoltare

Le emozioni non sono nemiche, ma segnali che ci indicano ciò che accade dentro di noi. Le Tre Scimmiette ci insegnano a "non vedere" le emozioni come qualcosa da evitare, ma come messaggi da ascoltare. Ogni emozione ha una funzione, che sia di avvertirci di una minaccia o di farci apprezzare un'esperienza positiva. Ascoltare le nostre emozioni con consapevolezza ci aiuta a comprenderle meglio e a gestirle in modo sano.

Non sentire le emozioni come un peso, ma come un'opportunità per crescere

Le emozioni intense possono sembrare un peso, ma Le Tre Scimmiette ci invitano a "non sentire" questa pesantezza come qualcosa di negativo. Invece, possiamo vedere le emozioni come un'opportunità per crescere. Ogni emozione, sia positiva che negativa, è un'occasione per comprendere meglio noi stessi, per esplorare le nostre paure e desideri, e per evolverci come persone. La gestione delle emozioni è essenziale per il nostro benessere.

Non parlare delle emozioni in modo assoluto, ma come esperienze temporanee che possiamo trasformare

Le emozioni sono transitorie, e Le Tre Scimmiette ci invitano a "non parlare" di esse come se fossero permanenti o definitive. Possiamo imparare a vedere le emozioni come esperienze temporanee, che vanno e vengono. Quando non ci identifichiamo completamente con le nostre emozioni, possiamo affrontarle con maggiore distacco e serenità, sapendo che nessuna emozione è eterna.

Conclusione Finale: Le Tre Scimmiette come Guida alla Vita Consapevole

Le Tre Scimmiette ci offrono una saggezza profonda che può guidarci in ogni aspetto della nostra vita. Imparando a "non vedere, non sentire, non parlare", possiamo vivere con maggiore consapevolezza, equilibrio e armonia. La loro filosofia ci invita a riflettere, ad ascoltare e a parlare con intenzione, e ci aiuta a sviluppare una connessione più profonda con noi stessi e con gli altri.

Nel mondo frenetico di oggi, dove siamo continuamente bombardati da stimoli esterni e da emozioni contrastanti, l'insegnamento delle Tre Scimmiette può offrirci uno spazio di calma e di riflessione. Applicando questi principi nella nostra vita quotidiana, possiamo trovare un percorso di crescita interiore, resilienza e pace. Le Tre Scimmiette, quindi, non sono solo un simbolo di distacco, ma una guida per vivere in modo consapevole, autentico e sereno.

56. Le Tre Scimmiette e l'Empatia

L'empatia è la capacità di comprendere e condividere i sentimenti degli altri. Le Tre Scimmiette, nel loro silenzio e osservazione, ci offrono lezioni fondamentali su come sviluppare una maggiore connessione con gli altri attraverso l'ascolto e la comprensione.

Non vedere gli altri come separati da noi, ma come parte di un'unica umanità

Le Tre Scimmiette ci invitano a "non vedere" gli altri come separati o estranei, ma come parte della stessa umanità. Quando sviluppiamo empatia, riconosciamo che le esperienze degli altri sono anche le nostre. L'integrazione dell'altro nella nostra visione del mondo ci permette di comprendere le sue emozioni, bisogni e desideri. Non esiste una vera separazione tra noi e gli altri, ma una rete di esperienze umane che ci unisce.

Non sentire il dolore degli altri come un peso, ma come una possibilità per offrire supporto

In molti casi, tendiamo a evitare di entrare in contatto con il dolore degli altri, temendo che ci "pesi" o ci faccia soffrire. Le Tre Scimmiette ci invitano a "non sentire" il dolore altrui come un fardello, ma come un'opportunità per esercitare la nostra compassione e offrire il nostro supporto. Essere empatici significa riconoscere la sofferenza degli altri e scegliere di stare con loro, offrendo ascolto, comprensione e conforto. Quando possiamo essere di aiuto agli altri, anche la nostra vita diventa più ricca di significato.

Non parlare delle emozioni altrui senza comprensione, ma con rispetto e sensibilità

Le parole che scegliamo di utilizzare quando parliamo degli altri hanno un grande impatto. Le Tre Scimmiette ci suggeriscono di "non parlare" degli altri senza prima cercare di capire veramente le loro esperienze. La comunicazione empatica non è solo un atto di parlare, ma di ascoltare attivamente e senza giudizio. Parliamo degli altri solo dopo aver compreso il loro punto di vista, con rispetto per la loro esperienza e sensibilità verso le loro emozioni.

57. Le Tre Scimmiette e la Pace Interiore

La pace interiore è uno stato di serenità mentale ed emotiva che possiamo raggiungere attraverso la consapevolezza e l'equilibrio. Le Tre Scimmiette ci offrono un esempio potente di come mantenere la calma interiore, anche nelle situazioni più difficili.

Non vedere la vita come un conflitto, ma come un'opportunità di crescita

Le Tre Scimmiette ci insegnano a "non vedere" la vita come una serie di conflitti, ma come un'opportunità di crescita. Ogni difficoltà che incontriamo, ogni sfida che affrontiamo, può essere vista come un'occasione di evoluzione personale. Quando cambiamo la nostra prospettiva, vedendo la vita come una serie di opportunità, possiamo coltivare una pace interiore che non dipende dalle circostanze esterne.

Non sentire la paura o l'ansia come un nemico, ma come segnali da comprendere

Le emozioni come la paura e l'ansia sono spesso viste come nemiche della pace interiore. Tuttavia, le Tre Scimmiette ci invitano a "non sentire" queste emozioni come nemici da evitare, ma come segnali che meritano la nostra attenzione. La paura può essere un'indicazione che qualcosa nella nostra vita deve essere affrontato o cambiato. Ascoltarla con consapevolezza ci permette di trasformarla in un'opportunità per crescere e diventare più centrati.

Non parlare di conflitti senza risolverli, ma affrontarli con calma e razionalità

Le Tre Scimmiette ci ricordano che "non parlare" dei conflitti senza cercare una soluzione non ci porta mai alla pace interiore. La pace nasce quando affrontiamo le difficoltà con calma e razionalità, cercando di risolvere le divergenze piuttosto che ignorarle o alimentarli. Parlarne senza cercare una risoluzione porta solo a maggiore agitazione. Affrontare i conflitti in modo costruttivo ci aiuta a trovare una soluzione pacifica che ripristina l'armonia.

58. Le Tre Scimmiette e il Perdono

Il perdono è una delle qualità più liberatorie che possiamo coltivare. Le Tre Scimmiette ci offrono saggi consigli su come il perdono può liberarci dal risentimento e aprire la porta alla pace e alla guarigione.

Non vedere il perdono come un atto di debolezza, ma come un atto di forza interiore

Spesso, perdonare sembra un atto di sottomissione o di debolezza, ma le Tre Scimmiette ci insegnano a "non vedere" il perdono in questo modo. Il perdono è un atto di grande forza interiore, poiché richiede il coraggio di lasciar andare il risentimento e di scegliere la pace invece della rabbia. È un atto che libera la nostra mente e il nostro cuore, permettendoci di vivere senza essere schiavi del passato.

Non sentire il rancore come una protezione, ma come un peso da lasciar andare

Il rancore è spesso visto come un modo per proteggerci da chi ci ha fatto del male, ma Le Tre Scimmiette ci invitano a "non sentire" il rancore come una protezione. In realtà, è un peso che ci imprigiona. Il perdono non significa dimenticare, ma scegliere di non lasciare che il passato determini il nostro futuro. Liberandoci del rancore, ci permettiamo di vivere in modo più leggero e sereno.

Non parlare del passato come se fosse un fardello, ma come un capitolo che ci ha insegnato qualcosa

Le Tre Scimmiette ci suggeriscono di "non parlare" del passato come se fosse un fardello che ci impedisce di andare avanti. Ogni esperienza, positiva o negativa, ci ha insegnato qualcosa. Guardare al passato con una mentalità di apprendimento ci aiuta a trasformarlo in un'opportunità di crescita. Il perdono nasce da questa consapevolezza: comprendere che ogni errore e ogni sofferenza è una lezione, non una condanna.

59. Le Tre Scimmiette e la Connessione con la Natura

La natura ci offre infinite lezioni su equilibrio, pace e bellezza. Le Tre Scimmiette ci ricordano l'importanza di entrare in connessione con la natura per ricaricare la nostra energia e trovare serenità.

Non vedere la natura come qualcosa da sfruttare, ma come qualcosa da rispettare e proteggere

Le Tre Scimmiette ci insegnano a "non vedere" la natura come un oggetto da sfruttare, ma come un bene prezioso da rispettare. La natura ci offre tutto ciò di cui abbiamo bisogno per vivere, e custodirla è un atto di amore verso noi stessi e le generazioni future. Quando rispettiamo la natura, ci connettiamo con la nostra vera essenza, riconoscendo la sacralità della vita che ci circonda.

Non sentire la solitudine nella natura come un abbandono, ma come un'opportunità per ritrovare il nostro equilibrio

Molti temono la solitudine, ma Le Tre Scimmiette ci insegnano a "non senti-re" la solitudine come un abbandono, ma come un'opportunità per ristabilire il nostro equilibrio interiore. Trascorrere del tempo nella natura ci consente di ritro-vare la pace, di ricaricare la nostra energia e di essere più presenti con noi stes-si. La natura ha il potere di guarire e di calmare, restituendoci una sensazione di connessione e di serenità.

Non parlare della natura come se fosse lontana o separata, ma come una parte integrante della nostra vita

Le Tre Scimmiette ci invitano a "non parlare" della natura come se fosse qualcosa di distante o separato da noi. In realtà, la natura è una parte integrante della nostra esistenza. Quando ci sentiamo uniti alla natura, siamo più consape-voli della sua importanza e della nostra responsabilità nei suoi confronti. Colti-vare questa connessione ci aiuta a vivere con maggiore gratitudine e armonia.

Conclusione Finale: Le Tre Scimmiette come Compassione e Consape-volezza

Le Tre Scimmiette ci offrono un insegnamento senza tempo che si applica a tutti gli aspetti della nostra vita. Non vedere, non sentire, non parlare non sono solo principi di distacco, ma anche strumenti di consapevolezza, compassione e serenità. Applicando questi principi con saggezza, possiamo sviluppare una maggiore comprensione di noi stessi, degli altri e del mondo che ci circonda.

Nel cammino verso la crescita personale e collettiva, Le Tre Scimmiette ci offrono una guida preziosa per vivere con consapevolezza, rispetto e amore. Vi-vere secondo i loro insegnamenti significa affrontare ogni situazione con mente aperta, cuore compassionevole e spirito in armonia con l'universo che ci ospita.

60. *Le Tre Scimmiette e l'Arte della Gratitudine*

La gratitudine è una qualità che ha il potere di trasformare il nostro modo di vivere, portando pace e apprezzamento nelle nostre vite quotidiane. Le Tre Scimmiette ci insegnano, attraverso il loro silenzio e osservazione, come colti-vare un cuore grato e consapevole.

Non vedere la vita come una serie di mancanze, ma come una collezio-ne di doni

Le Tre Scimmiette ci suggeriscono di "non vedere" la vita come una serie di mancanze o privazioni, ma come una collezione di doni che riceviamo ogni gior-no. Quando ci concentriamo su ciò che abbiamo, piuttosto che su ciò che ci manca, sviluppiamo un senso di gratitudine che arricchisce ogni esperienza.

Ogni giorno è una possibilità di apprezzare le piccole cose che spesso dia-mo per scontate: un sorriso, un momento di tranquillità, una parola gentile.

Non sentire il bisogno di più, ma apprezzare ciò che è già presente

La società moderna spesso ci spinge a desiderare sempre di più: più successo, più possedimenti, più riconoscimento. Le Tre Scimmiette ci insegnano a "non sentire" questo bisogno incessante, ma a fermarci per apprezzare ciò che abbiamo già. La vera ricchezza sta nell'apprezzare il momento presente, nelle persone che ci circondano, nelle esperienze che viviamo. Quando impariamo a vedere la bellezza nelle cose semplici, il nostro cuore si apre alla gratitudine.

Non parlare della vita come se fosse una lotta, ma come una danza di opportunità
Le Tre Scimmiette ci invitano a "non parlare" della vita come se fosse una lotta continua, ma come una danza di opportunità. La gratitudine cambia la nostra prospettiva, permettendoci di vedere ogni sfida come un'opportunità di crescita. Anche nelle difficoltà, possiamo trovare motivi di gratitudine: per la lezione che ci insegnano, per la resilienza che sviluppiamo, per le persone che ci sostengono.

61. Le Tre Scimmiette e la Creatività

La creatività è una risorsa infinita che risiede in ognuno di noi e che può essere coltivata attraverso la consapevolezza e l'apertura mentale. Le Tre Scimmiette, con il loro atteggiamento osservativo, ci ispirano a nutrire la nostra creatività in modo autentico.

Non vedere la creatività come un talento raro, ma come una qualità che tutti possiedono
Molte persone vedono la creatività come una qualità riservata solo a pochi eletti. Le Tre Scimmiette ci invitano a "non vedere" la creatività in questo modo, ma come una qualità che tutti possediamo. Ognuno di noi ha la capacità di creare, che si tratti di arte, soluzioni innovative o semplicemente di nuovi modi di pensare. La creatività non dipende dal talento innato, ma dalla nostra capacità di osservare, di esplorare e di esprimere ciò che è dentro di noi.

Non sentire la paura del fallimento come un ostacolo, ma come un passo necessario nel processo creativo
La paura del fallimento è spesso un blocco che ci impedisce di esprimere la nostra creatività. Le Tre Scimmiette ci insegnano a "non sentire" la paura del fallimento come un ostacolo insuperabile, ma come un passo necessario nel processo creativo. Ogni tentativo, anche se non perfetto, ci avvicina al nostro obiettivo. La creatività fiorisce quando smettiamo di temere il fallimento e iniziamo a vedere ogni errore come una lezione preziosa.

Non parlare della creatività come di un prodotto finito, ma come di un processo in continua evoluzione
Le Tre Scimmiette ci suggeriscono di "non parlare" della creatività come se fosse un prodotto finale o perfetto, ma come un processo in continua evoluzione.

La creatività non è mai statica; è un viaggio che cresce e cambia nel tempo. Quando accettiamo che la creatività è un flusso in movimento, possiamo abbracciarla senza paura di non essere mai "sufficientemente creativi". La bellezza della creatività sta nel suo dinamismo.

62. *Le Tre Scimmiette e l'Autocura*

L'autocura è essenziale per il nostro benessere fisico, emotivo e mentale. Le Tre Scimmiette ci offrono insegnamenti fondamentali su come prenderci cura di noi stessi attraverso il silenzio, la riflessione e l'ascolto delle nostre esigenze interiori.

Non vedere la cura di sé come un lusso, ma come una necessità fondamentale

Spesso trascuriamo l'importanza dell'autocura, vedendola come un lusso o un'attività superflua. Le Tre Scimmiette ci insegnano a "non vedere" l'autocura in questo modo, ma come una necessità fondamentale per il nostro equilibrio. Prendersi cura di sé non è egoismo, ma un atto di amore verso noi stessi che ci permette di essere presenti e di dare il meglio agli altri. Solo quando ci sentiamo in pace con noi stessi possiamo essere veramente utili agli altri.

Non sentire il corpo e la mente come qualcosa da ignorare, ma come qualcosa da ascoltare e rispettare

Le Tre Scimmiette ci invitano a "non sentire" il nostro corpo e la nostra mente come entità separate o da ignorare. Al contrario, dobbiamo imparare ad ascoltarli con attenzione. Il corpo e la mente sono i nostri alleati, e quando impariamo a rispettarli, possiamo evitare il burnout e il malessere. Prendersi del tempo per rilassarsi, meditare, fare esercizio o semplicemente riposare sono pratiche di autocura che ci aiutano a mantenere il nostro equilibrio.

Non parlare di autocura come un'attività occasionale, ma come una pratica quotidiana

Le Tre Scimmiette ci suggeriscono di "non parlare" dell'autocura come di un'attività occasionale, ma come di una pratica quotidiana. La cura di sé non dovrebbe essere vista come qualcosa da fare solo nei momenti di difficoltà, ma come una routine che coltiviamo ogni giorno. Ogni piccolo gesto di autocura contribuisce al nostro benessere complessivo e ci aiuta a rimanere centrati, sereni e in salute.

63. *Le Tre Scimmiette e l'Intelligenza Emotiva*

L'intelligenza emotiva è la capacità di riconoscere, comprendere e gestire le nostre emozioni e quelle degli altri. Le Tre Scimmiette ci offrono lezioni essenziali su come sviluppare una maggiore intelligenza emotiva nella nostra vita.

Non vedere le emozioni come qualcosa da reprimere, ma come segnali da comprendere

Le emozioni non sono qualcosa di cui dobbiamo vergognarci o reprimere. Le Tre Scimmiette ci invitano a "non vedere" le emozioni come qualcosa da nascondere, ma come segnali da comprendere. Ogni emozione, che sia gioia, rabbia, tristezza o paura, porta con sé un messaggio importante. Quando impariamo a riconoscere e a comprendere questi segnali, possiamo prendere decisioni più consapevoli e vivere in modo più autentico.

Non sentire le emozioni come un ostacolo alla razionalità, ma come una guida alla consapevolezza

Le emozioni sono spesso viste come qualcosa che ostacola il pensiero razionale. Tuttavia, le Tre Scimmiette ci insegnano a "non sentire" le emozioni in questo modo, ma a vederle come una guida alla consapevolezza. Le emozioni sono indicatori del nostro stato interiore e possono aiutarci a comprendere meglio la situazione in cui ci troviamo. Imparare a integrare emozione e ragione è fondamentale per un'intelligenza emotiva sana.

Non parlare delle emozioni come se fossero deboli, ma come risorse che ci rendono umani

Le emozioni non sono segno di debolezza, ma risorse che ci rendono umani. Le Tre Scimmiette ci invitano a "non parlare" delle emozioni come se fossero qualcosa di negativo o da evitare. Al contrario, sono il cuore della nostra esperienza umana. Imparare a gestirle con consapevolezza e intelligenza ci permette di connetterci meglio con noi stessi e con gli altri, creando relazioni più forti e autentiche.

Conclusione Finale: Le Tre Scimmiette come Modello di Vita Consapevole e Armoniosa

Le Tre Scimmiette rappresentano una metafora potente di come possiamo vivere una vita più consapevole, equilibrata e armoniosa. Non vedere, non sentire, non parlare non sono semplici consigli, ma pratiche che ci guidano verso un'esistenza più autentica e serena. Vivendo in questo modo, possiamo affrontare le sfide della vita con maggiore calma, compassione e saggezza.

Questi insegnamenti ci aiutano a riconoscere la bellezza della vita, a rispettare noi stessi e gli altri, a vivere con gratitudine e ad abbracciare ogni momento con cuore aperto.

Le Tre Scimmiette ci ricordano che il vero potere risiede nella consapevolezza, nella pazienza e nell'ascolto, e che il cammino verso la crescita interiore è fatto di piccoli passi quotidiani.

In definitiva, Le Tre Scimmiette ci invitano a diventare versioni migliori di noi stessi, non solo per noi, ma anche per il mondo che ci circonda.

64. Le Tre Scimmiette e la Forza del Silenzio

Il silenzio è una delle pratiche più potenti per raggiungere la pace interiore e la chiarezza mentale. Le Tre Scimmiette, con il loro esempio di silenzio e osservazione, ci insegnano che il silenzio non è semplicemente l'assenza di suoni, ma uno strumento di introspezione e di connessione profonda con il nostro essere.

Non vedere il silenzio come un vuoto da riempire, ma come uno spazio di riflessione e crescita

Le Tre Scimmiette ci suggeriscono di "non vedere" il silenzio come un vuoto da temere o da riempire con distrazioni, ma come uno spazio di riflessione e crescita. Quando facciamo silenzio, creiamo uno spazio interiore dove possiamo ascoltare la nostra voce più autentica e comprendere meglio i nostri desideri, paure e speranze. È nel silenzio che spesso troviamo risposte alle domande più profonde della vita.

Non sentire il silenzio come un'assenza di comunicazione, ma come una forma di comunicazione profonda

Molte volte temiamo il silenzio, considerandolo un'assenza di comunicazione. Tuttavia, Le Tre Scimmiette ci insegnano a "non sentire" il silenzio in questo modo. Il silenzio può essere una forma di comunicazione profonda, dove le emozioni, i pensieri e le intuizioni vengono trasmessi senza bisogno di parole. Il silenzio è un linguaggio che parla direttamente al cuore, permettendoci di connetterci a un livello più profondo con gli altri e con noi stessi.

Non parlare nel silenzio senza consapevolezza, ma solo quando le parole sono necessarie e significative

Le Tre Scimmiette ci insegnano che il silenzio non deve essere rotto senza riflessione. "Non parlare" nel silenzio senza consapevolezza significa che dobbiamo scegliere le parole con cura e solo quando sono veramente necessarie. Quando parliamo con intenzione, le nostre parole diventano più potenti e significative, risuonando più profondamente con chi ci ascolta.

65. Le Tre Scimmiette e la Resilienza

La resilienza è la capacità di affrontare le difficoltà e di adattarsi positivamente alle avversità. Le Tre Scimmiette ci mostrano, attraverso il loro silenzio e la loro capacità di osservare, come coltivare una resilienza che ci permette di affrontare le sfide della vita con forza e serenità.

Non vedere le difficoltà come ostacoli insormontabili, ma come opportunità di crescita

Le Tre Scimmiette ci invitano a "non vedere" le difficoltà come ostacoli insormontabili, ma come opportunità di crescita. Ogni difficoltà è una possibilità per imparare qualcosa di nuovo, per diventare più forti e più saggi. La resilienza nasce quando accettiamo le sfide come parte del nostro cammino e le affrontiamo con determinazione e fiducia nel nostro potenziale.

Non sentire la sconfitta come una fine, ma come una lezione che ci prepara a rialzarci più forti

Le Tre Scimmiette ci insegnano a "non sentire" la sconfitta come una fine definitiva. Ogni fallimento, ogni errore, è una lezione che ci prepara a rialzarci più forti. La resilienza non significa evitare il fallimento, ma essere in grado di imparare da esso, adattarci e ripartire con maggiore saggezza e consapevolezza.

Non parlare delle difficoltà come se fossero insuperabili, ma come esperienze che ci offrono nuove prospettive

Le Tre Scimmiette ci suggeriscono di "non parlare" delle difficoltà come se fossero insuperabili. Ogni esperienza difficile, per quanto ardua possa sembrare, ci offre una nuova prospettiva e ci insegna qualcosa di importante. Parlando delle difficoltà in questo modo, possiamo trasformare le sfide in occasioni per crescere e migliorare, piuttosto che vederle come barriere che ci impediscono di andare avanti.

66. Le Tre Scimmiette e la Sostenibilità

La sostenibilità è la capacità di vivere in armonia con il nostro ambiente, rispettando le risorse naturali e prendendoci cura del nostro pianeta. Le Tre Scimmiette, con il loro silenzioso e saggio comportamento, ci offrono un modello per vivere in modo responsabile e consapevole verso la natura.

Non vedere la natura come un bene da sfruttare, ma come un sistema interconnesso da proteggere

Le Tre Scimmiette ci invitano a "non vedere" la natura come una risorsa da sfruttare, ma come un sistema interconnesso che merita protezione. Tutto nella natura è legato: le piante, gli animali, l'acqua, l'aria e noi stessi. Ogni azione che intraprendiamo ha un impatto sull'ambiente, e il nostro compito è quello di agire in modo responsabile, proteggendo le risorse naturali per le generazioni future.

Non sentire il consumo come un diritto illimitato, ma come una scelta responsabile

Le Tre Scimmiette ci insegnano a "non sentire" il consumo come un diritto illimitato, ma come una scelta responsabile. Ogni volta che consumiamo risorse, dobbiamo essere consapevoli dell'impatto che le nostre azioni hanno sul pianeta. Adottare uno stile di vita più sostenibile significa fare scelte più attente, ridurre gli sprechi, riciclare e scegliere consumi che non danneggiano l'ambiente.

Non parlare della natura come qualcosa di distante da noi, ma come una parte integrante della nostra vita quotidiana

Le Tre Scimmiette ci suggeriscono di "non parlare" della natura come se fosse qualcosa di distante, ma come una parte integrante della nostra vita quotidiana. La natura è intorno a noi in ogni momento, e viverla consapevolmente ci permette di comprendere meglio la nostra connessione con l'ambiente. Trascorrere del tempo nella natura, proteggerla e rispettarla sono azioni che ci aiutano a vivere in armonia con il nostro mondo.

67. *Le Tre Scimmiette e la Spiritualità*

La spiritualità è il percorso interiore che ci conduce alla comprensione di noi stessi e del nostro posto nell'universo. Le Tre Scimmiette, attraverso il loro silenzio, osservazione e distacco, ci offrono insegnamenti profondi su come coltivare una connessione spirituale più profonda.

Non vedere la spiritualità come una ricerca esterna, ma come una scoperta interiore

Le Tre Scimmiette ci insegnano a "non vedere" la spiritualità come qualcosa che possiamo trovare all'esterno, ma come una scoperta interiore. La spiritualità è una questione di connessione con il nostro sé più profondo, e spesso le risposte che cerchiamo si trovano nel silenzio della nostra mente e del nostro cuore. Ogni momento di consapevolezza e riflessione ci avvicina alla nostra essenza spirituale.

Non sentire la spiritualità come una fuga dalla realtà, ma come una guida per affrontare la vita con serenità

Le Tre Scimmiette ci invitano a "non sentire" la spiritualità come una fuga dalla realtà, ma come una guida per affrontare la vita con serenità. La spiritualità non è un rifugio, ma una forza che ci aiuta a vivere più pienamente, accettando le sfide e le gioie della vita con equanimità. Quando siamo spiritualmente connessi, affrontiamo la vita con una visione più profonda, libera dal giudizio e dalla paura.

Non parlare della spiritualità come una dottrina rigida, ma come una pratica che evolve con il nostro cammino

Le Tre Scimmiette ci ricordano di "non parlare" della spiritualità come di una dottrina rigida, ma come di una pratica che evolve con il nostro cammino. La spiritualità è personale e dinamica; cambia con le nostre esperienze e il nostro processo di crescita. Abbracciarla significa essere aperti a nuove scoperte, a nuove intuizioni e a un continuo rinnovamento del nostro rapporto con il divino e con noi stessi.

Conclusione Finale: Le Tre Scimmiette come Modelli di Consapevolezza e Armonia

Le Tre Scimmiette ci offrono un potente modello di vita che incoraggia la consapevolezza, la serenità e l'armonia. Vivere secondo i principi del "non vedere, non sentire, non parlare" significa abbracciare una vita di rispetto per noi stessi, per gli altri e per il mondo che ci circonda. Questo atteggiamento ci aiuta a vivere con maggiore pace interiore, a coltivare relazioni più autentiche e a costruire un mondo più armonioso e consapevole.

Le Tre Scimmiette, con il loro esempio di silenzio e osservazione, ci invitano a sviluppare una vita più equilibrata, in cui ogni momento è un'opportunità per crescere, riflettere e migliorare. La loro saggezza ci guida verso una vita più ricca di significato, dove la vera libertà risiede nella nostra capacità di ascoltare, comprendere e rispettare.

68. Le Tre Scimmiette e il Potere della Presenza

La presenza è una qualità fondamentale per vivere in modo consapevole e pieno. Essere presenti nel momento attuale significa essere consapevoli di ciò che accade, senza lasciarsi distrarre dal passato o dal futuro. Le Tre Scimmiette, con il loro atteggiamento di osservazione silenziosa, ci insegnano il valore di vivere nel qui e ora.

Non vedere il presente come un passaggio verso il futuro, ma come il punto di partenza per una vita piena

Le Tre Scimmiette ci invitano a "non vedere" il presente come un mero passaggio verso il futuro, ma come il punto di partenza di una vita piena e significativa. Ogni attimo è un'opportunità unica che non si ripeterà mai. Essere veramente presenti significa abbracciare ogni momento, riconoscendo il valore intrinseco di ogni esperienza, anche quella che può sembrare ordinaria o insignificante.

Non sentire il bisogno di essere in più posti contemporaneamente, ma concentrarsi su ciò che è davanti a noi

Viviamo in un mondo che ci spinge ad essere ovunque e a fare tutto contemporaneamente. Le Tre Scimmiette ci insegnano a "non sentire" il bisogno di fare tutto e di essere in più posti contemporaneamente.

Essere presenti significa dedicare la nostra attenzione piena a ciò che stiamo facendo, sia che si tratti di una conversazione, di un lavoro o di un semplice momento di tranquillità. Solo così possiamo vivere in modo profondo e soddisfacente.

Non parlare del futuro come una realtà già scritta, ma come una possibilità da esplorare nel presente

Le Tre Scimmiette ci suggeriscono di "non parlare" del futuro come se fosse una realtà già scritta, ma come una possibilità da esplorare nel presente. Ogni scelta che facciamo oggi modella il nostro domani, e la nostra capacità di essere presenti nel momento attuale è ciò che ci permette di creare un futuro che rispecchi veramente chi siamo. Parlare del futuro con apertura e curiosità ci aiuta a rimanere ancorati al presente, senza cedere alla paura o all'incertezza.

69. Le Tre Scimmiette e il Perdono

Il perdono è una forza liberatoria che ci consente di liberare il cuore dai pesi del rancore e della rabbia. Le Tre Scimmiette, attraverso la loro attitudine di non giudicare e di osservare senza reagire, ci insegnano il valore profondo del perdono, che non solo libera gli altri, ma anche noi stessi.

Non vedere il perdono come una concessione agli altri, ma come un dono a noi stessi

Le Tre Scimmiette ci invitano a "non vedere" il perdono come una concessione agli altri, ma come un dono che facciamo prima di tutto a noi stessi. Quando perdoniamo, ci liberiamo dal peso del risentimento e della rabbia, che consumano la nostra energia emotiva. Il perdono ci permette di fare spazio a sentimenti più positivi, come la pace e la serenità, e di liberare la nostra mente da pensieri negativi che ci trattengono nel passato.

Non sentire il perdono come una debolezza, ma come una manifestazione di forza interiore

Molti vedono il perdono come un atto di debolezza, come se perdonare significasse essere indulgenti con chi ci ha fatto del male. Le Tre Scimmiette ci insegnano a "non sentire" il perdono in questo modo. Perdono è, infatti, una manifestazione di forza interiore. Significa essere abbastanza forti da non permettere che il dolore o l'offesa ci definiscano o ci controllino. Il perdono ci libera dalla schiavitù dell'odio, consentendoci di vivere una vita più leggera e libera.

Non parlare del perdono come di un atto finale, ma come di un processo continuo di liberazione

Le Tre Scimmiette ci ricordano di "non parlare" del perdono come di un atto finale, ma come di un processo continuo. Il perdono non è qualcosa che facciamo una sola volta, ma un processo che può durare nel tempo.

Ogni volta che ci troviamo di fronte a un rancore o un dolore, possiamo scegliere di perdonare di nuovo, per liberarci e crescere. È un percorso che ci rende più forti e più in pace con noi stessi.

70. Le Tre Scimmiette e la Connessione con gli Altri

Le relazioni umane sono fondamentali per il nostro benessere e la nostra crescita. Le Tre Scimmiette, con il loro esempio di osservazione silenziosa e attenta, ci insegnano l'importanza di costruire connessioni autentiche con gli altri, basate sulla comprensione e sul rispetto reciproco.

Non vedere gli altri come concorrenti, ma come compagni di viaggio nel cammino della vita

Le Tre Scimmiette ci insegnano a "non vedere" gli altri come concorrenti o rivali, ma come compagni di viaggio nel cammino della vita. Ogni persona che incontriamo ha una propria storia, una propria lotta, e portiamo tutti un contributo unico alla collettività. Quando smettiamo di confrontarci e di competere con gli altri, possiamo iniziare a vederli come alleati nel nostro cammino di crescita.

Non sentire gli altri come una minaccia, ma come opportunità di crescita e comprensione reciproca

Le Tre Scimmiette ci invitano a "non sentire" gli altri come una minaccia alla nostra sicurezza o al nostro benessere, ma come opportunità di crescita e comprensione reciproca. Ogni incontro è un'opportunità di apprendere qualcosa di nuovo, di mettersi nei panni dell'altro, di sviluppare empatia. Le relazioni autentiche si fondano sulla fiducia e sulla volontà di crescere insieme, non di difendersi o di competere.

Non parlare degli altri con giudizio, ma con apertura e compassione

Le Tre Scimmiette ci suggeriscono di "non parlare" degli altri con giudizio, ma con apertura e compassione. Ogni persona che incontriamo ha i suoi propri dolori, sogni, e desideri. Quando parliamo degli altri, dobbiamo farlo con consapevolezza, senza giudizio, cercando di comprendere le loro esperienze e di trattarli con rispetto. Questo approccio ci permette di costruire relazioni più forti, più autentiche e più piene di comprensione.

71. Le Tre Scimmiette e il Potere della Riflessione

La riflessione è uno strumento potente per la crescita personale e il miglioramento. Le Tre Scimmiette ci mostrano, attraverso la loro attitudine di silenzio e osservazione, come la riflessione possa portarci a una comprensione più profonda di noi stessi e del mondo.

Non vedere la riflessione come una perdita di tempo, ma come un'opportunità di crescita

Le Tre Scimmiette ci insegnano a "non vedere" la riflessione come una perdita di tempo, ma come un'opportunità di crescita. Prendersi del tempo per riflettere su noi stessi, sulle nostre azioni, sui nostri pensieri, ci aiuta a comprendere meglio chi siamo e cosa vogliamo. La riflessione ci consente di fare scelte più consapevoli e di migliorare continuamente.

Non sentire la riflessione come una fuga dalla realtà, ma come una necessaria integrazione tra pensiero e azione

Le Tre Scimmiette ci invitano a "non sentire" la riflessione come una fuga dalla realtà, ma come un processo necessario che integra il pensiero con l'azione. Riflessione e azione non sono in conflitto, ma lavorano insieme. Prima di agire, è importante riflettere sulle possibili conseguenze delle nostre azioni, in modo da fare scelte più responsabili e consapevoli.

Non parlare della riflessione come se fosse una pratica solitaria, ma come una condivisione di esperienza e saggezza

Le Tre Scimmiette ci suggeriscono di "non parlare" della riflessione come di una pratica solitaria, ma come una condivisione di esperienza e saggezza. La riflessione può essere ancora più potente quando la condividiamo con gli altri. Confrontarsi con chi ci sta vicino, ascoltare e imparare dalle loro esperienze, ci aiuta a crescere in modo più completo e arricchito.

Conclusione Finale: Le Tre Scimmiette come Modelli di Vita Consapevole e Armoniosa

Le Tre Scimmiette ci offrono un potente insegnamento sulla vita consapevole, equilibrata e piena. Ogni loro azione, ogni loro atteggiamento, ci invita a vivere in modo più attento, più profondo e più autentico. Attraverso il silenzio, l'osservazione e il rispetto, possiamo coltivare la serenità interiore, costruire relazioni più significative e abbracciare ogni momento con gratitudine e consapevolezza.

Le Tre Scimmiette, con il loro esempio di saggezza semplice e profonda, ci ricordano che la vera crescita viene dall'ascolto, dalla riflessione e dal vivere con un cuore aperto. La loro lezione è chiara: la chiave per una vita piena e armoniosa è nella nostra capacità di osservare, comprendere e agire con consapevolezza e compassione.

72. *Le Tre Scimmiette e la Forza della Gratitudine*

La gratitudine è un potente strumento che trasforma la nostra percezione del mondo e ci aiuta a trovare la bellezza nelle piccole cose. Le Tre Scimmiette, con il loro comportamento silenzioso e riflessivo, ci insegnano che la gratitudine non è solo un sentimento, ma una pratica quotidiana che ci permette di vivere una vita più ricca e soddisfacente.

Non vedere la gratitudine come una reazione, ma come una scelta consapevole

Le Tre Scimmiette ci invitano a "non vedere" la gratitudine come una semplice reazione alle cose positive che accadono, ma come una scelta consapevole da fare ogni giorno. Essere grati non dipende solo da ciò che riceviamo, ma dalla nostra capacità di riconoscere e apprezzare anche le piccole benedizioni della vita. Quando scegliamo la gratitudine, creiamo uno spazio di positività e apertura che ci arricchisce internamente.

Non sentire la gratitudine come una risposta passiva, ma come una forza attiva che modifica la nostra prospettiva

Le Tre Scimmiette ci insegnano a "non sentire" la gratitudine come una risposta passiva, ma come una forza attiva che modifica la nostra prospettiva sulla vita. La gratitudine ci permette di vedere oltre le difficoltà, ci aiuta a concentrarci su ciò che di buono c'è nelle nostre vite, e ci dona la forza di affrontare le sfide con una mentalità positiva. La gratitudine è un potente catalizzatore di cambiamento, che può migliorare la nostra salute mentale, le nostre relazioni e il nostro benessere.

Non parlare della gratitudine come un sentimento scontato, ma come una pratica che va coltivata ogni giorno

Le Tre Scimmiette ci suggeriscono di "non parlare" della gratitudine come se fosse un sentimento scontato, ma come una pratica che va coltivata ogni giorno. Ogni giorno, possiamo fare un passo in più nel riconoscere ciò per cui siamo grati, che si tratti di un gesto di gentilezza, di un momento di bellezza o di una lezione imparata. La gratitudine va nutrita come una pianta, attraverso la consapevolezza e l'apprezzamento costante.

73. Le Tre Scimmiette e l'Equilibrio tra Vita e Lavoro

In un mondo che spesso celebra la produttività e l'attività incessante, Le Tre Scimmiette ci ricordano l'importanza di trovare un equilibrio tra la nostra vita personale e le nostre responsabilità professionali. La loro attitudine di osservazione e distacco ci insegna che è essenziale prendersi cura di sé stessi e delle proprie relazioni, non solo concentrarsi sul lavoro e sugli obblighi.

Non vedere il lavoro come l'unica fonte di valore, ma come una parte di un quadro più grande

Le Tre Scimmiette ci invitano a "non vedere" il lavoro come l'unica fonte di valore nella nostra vita. Il nostro valore non dipende solo dai risultati professionali o dal successo che otteniamo, ma dall'equilibrio che creiamo tra il nostro lavoro, il nostro tempo libero, le nostre relazioni e la nostra crescita personale. Lavorare è importante, ma vivere in modo completo richiede anche di nutrire tutte le altre dimensioni della nostra vita.

Non sentire la fatica come un segno di dedizione, ma come un segnale che è il momento di fermarsi e ricaricarsi

Le Tre Scimmiette ci insegnano a "non sentire" la fatica come un segno di dedizione o come una virtù. La fatica costante può essere un segnale che il nostro corpo e la nostra mente hanno bisogno di riposo e di ricarica. Il vero equilibrio non consiste nel fare sempre di più, ma nel fare con consapevolezza e con un'energia che proviene da un benessere globale. Saper riconoscere quando è il momento di fermarsi è un atto di saggezza, non di debolezza.

Non parlare del lavoro come di un obbligo senza fine, ma come di un'opportunità di crescita e contributo

Le Tre Scimmiette ci invitano a "non parlare" del lavoro come se fosse un obbligo senza fine, ma come un'opportunità di crescita e contributo. Ogni compito che svolgiamo, se affrontato con una mentalità positiva, diventa una possibilità di apprendere qualcosa di nuovo e di contribuire al benessere della nostra comunità o del nostro ambiente. Parlare del lavoro con questa mentalità ci permette di avvicinarci ad esso con gratitudine e motivazione.

74. Le Tre Scimmiette e la Cura di Sé

Prendersi cura di sé stessi è fondamentale per vivere una vita sana e soddisfacente. Le Tre Scimmiette, con il loro esempio di silenziosa osservazione, ci insegnano che la cura di sé non è solo fisica, ma anche emotiva, mentale e spirituale. Solo quando ci prendiamo cura di noi stessi possiamo dare il meglio agli altri.

Non vedere la cura di sé come un atto egoista, ma come una responsabilità verso il nostro benessere

Le Tre Scimmiette ci invitano a "non vedere" la cura di sé come un atto egoista, ma come una responsabilità fondamentale verso il nostro benessere. Prendersi cura di sé non significa trascurare gli altri, ma piuttosto garantire che siamo in uno stato di benessere che ci permetta di essere presenti e di aiutare gli altri in modo sano e sostenibile. La cura di sé è una pratica di amore verso noi stessi e, attraverso essa, possiamo essere più capaci di donare amore agli altri.

Non sentire la cura di sé come un lusso, ma come una necessità per una vita equilibrata

Le Tre Scimmiette ci insegnano a "non sentire" la cura di sé come un lusso, ma come una necessità per una vita equilibrata. Il nostro benessere fisico, emotivo e mentale è la base da cui partire per affrontare le sfide della vita e per coltivare relazioni sane. Senza prendersi cura di noi stessi, non possiamo essere al meglio per gli altri. La cura di sé è un investimento che ci ripaga in salute, energia e felicità.

Non parlare della cura di sé come qualcosa da fare solo quando siamo stanchi, ma come una pratica quotidiana

Le Tre Scimmiette ci suggeriscono di "non parlare" della cura di sé come di qualcosa da fare solo quando siamo stanchi o sopraffatti. La cura di sé non è una soluzione temporanea, ma una pratica quotidiana che deve essere integrata nella nostra routine. Solo quando facciamo della cura di sé una priorità quotidiana possiamo vivere con energia, chiarezza e serenità.

75. Le Tre Scimmiette e l'Accezione Positiva del Silenzio

Il silenzio, spesso visto come qualcosa di negativo o di assenza, ha in realtà un immenso valore positivo. Le Tre Scimmiette ci insegnano che il silenzio può essere una potente forza di trasformazione, in grado di creare uno spazio in cui la riflessione e la consapevolezza possono fiorire.

Non vedere il silenzio come un'assenza di parole, ma come uno spazio di potenzialità infinita

Le Tre Scimmiette ci invitano a "non vedere" il silenzio come un'assenza di parole, ma come uno spazio di potenzialità infinita. Quando facciamo silenzio, possiamo ascoltare più profondamente, sia noi stessi che il mondo intorno a noi. Il silenzio non è vuoto, ma è un terreno fertile dove le idee, le intuizioni e la pace possono crescere.

Non sentire il silenzio come una separazione dagli altri, ma come un'opportunità di connessione più profonda

Le Tre Scimmiette ci insegnano a "non sentire" il silenzio come una separazione dagli altri, ma come un'opportunità di connessione più profonda. In momenti di silenzio, possiamo percepire una connessione più autentica con noi stessi e con gli altri. Il silenzio ci permette di ascoltare senza distrazioni e di rispondere con maggiore chiarezza e consapevolezza.

Non parlare del silenzio come un vuoto, ma come una ricchezza che nutre la nostra mente e il nostro spirito

Le Tre Scimmiette ci suggeriscono di "non parlare" del silenzio come di un vuoto, ma come di una ricchezza che nutre la nostra mente e il nostro spirito. In un mondo frenetico e rumoroso, il silenzio è una risorsa preziosa che ci consente di recuperare energia, riflettere e trovare la pace interiore.

Conclusione Finale: La Saggezza delle Tre Scimmiette

Le Tre Scimmiette ci offrono insegnamenti che vanno ben oltre il loro comportamento simbolico. La loro saggezza si fonda sull'ascolto, sulla consapevolezza e sulla profondità. Vivere secondo i principi delle Tre Scimmiette significa cercare l'armonia, trovare la serenità e riscoprire il valore del silenzio, della riflessione e della connessione con il mondo che ci circonda.

Seguendo i loro insegnamenti, possiamo migliorare noi stessi, le nostre relazioni e il nostro impatto sul mondo. In un mondo che spesso ci spinge alla distrazione e alla competizione, le Tre Scimmiette ci ricordano l'importanza di fermarci, ascoltare e agire con consapevolezza, per costruire una vita piena di significato e pace interiore.

76. Le Tre Scimmiette e l'Importanza dell'Autoconsapevolezza

L'autoconsapevolezza è un fondamento per una vita autentica e significativa. Le Tre Scimmiette, attraverso il loro silenzioso e pacato comportamento, ci insegnano l'importanza di riflettere su noi stessi, sulle nostre azioni e sui nostri pensieri. Solo quando diventiamo consapevoli di chi siamo veramente possiamo vivere in modo autentico e in armonia con gli altri.

Non vedere l'autoconsapevolezza come un processo doloroso, ma come un viaggio di crescita e accettazione

Le Tre Scimmiette ci invitano a "non vedere" l'autoconsapevolezza come un processo doloroso, ma come un viaggio di crescita e accettazione. Scoprire noi stessi può sembrare difficile all'inizio, ma è attraverso la consapevolezza che possiamo evolverci, imparare dai nostri errori e diventare persone migliori. Ogni passo verso una maggiore consapevolezza ci avvicina a una vita più autentica e appagante.

Non sentire l'autoconsapevolezza come un atto di critica, ma come un atto di amore verso se stessi

Le Tre Scimmiette ci insegnano a "non sentire" l'autoconsapevolezza come un atto di critica severa, ma come un atto di amore verso noi stessi. L'autoconsapevolezza non riguarda solo riconoscere i nostri difetti, ma anche apprezzare i nostri punti di forza, le nostre passioni e le cose che ci rendono unici. È un atto di gentilezza verso se stessi, che ci permette di essere in pace con chi siamo e di vivere con fiducia.

Non parlare dell'autoconsapevolezza come di una cosa da fare da soli, ma come un processo che può includere il supporto degli altri

Le Tre Scimmiette ci suggeriscono di "non parlare" dell'autoconsapevolezza come di qualcosa che possiamo fare solo da soli. Sebbene l'introspezione personale sia importante, l'autoconsapevolezza può essere arricchita dalla riflessione condivisa con gli altri.

A volte, gli altri possono aiutarci a vedere noi stessi sotto una luce diversa, offrendoci nuovi punti di vista che ci permettono di crescere.

77. Le Tre Scimmiette e la Creatività

La creatività è un potente strumento di espressione e di crescita personale. Le Tre Scimmiette, nel loro comportamento tranquillo e osservante, ci insegnano che la creatività nasce spesso dal silenzio e dall'attenzione al mondo che ci circonda. Per essere veramente creativi, dobbiamo essere presenti nel momento e aperti alle opportunità che ci si presentano.

Non vedere la creatività come qualcosa che deve essere forzato, ma come un flusso naturale che nasce dalla calma
Le Tre Scimmiette ci invitano a "non vedere" la creatività come qualcosa che deve essere forzato o controllato, ma come un flusso naturale che nasce dalla calma interiore. La creatività non nasce dall'agitazione o dalla pressione, ma dalla tranquillità e dalla disponibilità ad ascoltare. Quando siamo calmi e presenti, la nostra mente è più aperta alle intuizioni e alle idee nuove.

Non sentire la creatività come un talento esclusivo di pochi, ma come una qualità che tutti possiedono e possono sviluppare
Le Tre Scimmiette ci insegnano a "non sentire" la creatività come un talento esclusivo di pochi, ma come una qualità che tutti possiedono e possono sviluppare. Ogni persona ha il potenziale creativo, che può esprimere in modi diversi: nell'arte, nella risoluzione dei problemi, nelle relazioni. La creatività non è solo un'espressione artistica, ma un modo di affrontare la vita con ingegno e originalità.

Non parlare della creatività come qualcosa che deve essere mostrato agli altri, ma come un'espressione personale che arricchisce la nostra vita
Le Tre Scimmiette ci suggeriscono di "non parlare" della creatività come qualcosa che deve essere mostrato agli altri o apprezzato da un pubblico, ma come un'espressione personale che arricchisce la nostra vita. La creatività è un mezzo attraverso il quale possiamo scoprire noi stessi, esplorare nuove idee e trovare soddisfazione personale. Non è necessario essere riconosciuti o apprezzati dagli altri per essere creativi; ciò che conta è l'esperienza di creare e l'auto-soddisfazione che ne deriva.

78. Le Tre Scimmiette e l'Empatia

L'empatia è la capacità di comprendere e condividere i sentimenti degli altri. Le Tre Scimmiette, con il loro comportamento tranquillo e rispettoso, ci insegnano che l'empatia è una chiave fondamentale per costruire relazioni sane e significative. Solo quando impariamo a metterci nei panni degli altri possiamo creare un mondo più compassionevole.

Non vedere l'empatia come una debolezza, ma come una forza che ci connette agli altri
Le Tre Scimmiette ci invitano a "non vedere" l'empatia come una debolezza, ma come una forza che ci connette agli altri. L'empatia non significa solo sentire il dolore degli altri, ma anche cercare di comprendere le loro prospettive e agire con compassione. Essere empatici ci rende più forti, perché ci permette di superare le barriere emotive e creare legami profondi con gli altri.

Non sentire l'empatia come un onere, ma come una risorsa che arricchisce la nostra vita

Le Tre Scimmiette ci insegnano a "non sentire" l'empatia come un onere o un sacrificio, ma come una risorsa che arricchisce la nostra vita. Quando siamo in grado di ascoltare gli altri con cuore aperto, possiamo imparare dalle loro esperienze, crescere come persone e contribuire positivamente alla comunità. L'empatia ci offre anche la possibilità di guarire noi stessi, poiché ci aiuta a superare la solitudine e ad entrare in contatto con gli altri.

Non parlare dell'empatia come di un atto che deve essere compiuto sempre, ma come di una pratica che si sviluppa con il tempo

Le Tre Scimmiette ci suggeriscono di "non parlare" dell'empatia come di un atto che deve essere compiuto sempre, ma come di una pratica che si sviluppa con il tempo. L'empatia cresce man mano che impariamo a metterci nei panni degli altri, a fare domande e a ascoltare senza giudizio. Non si tratta di un'abilità innata, ma di una competenza che possiamo affinare attraverso l'esperienza e l'educazione.

79. Le Tre Scimmiette e l'Arte del Non Agire

Il non agire, o wu wei, è un concetto della filosofia taoista che significa agire in armonia con il flusso naturale della vita, senza forzare o interferire. Le Tre Scimmiette, nel loro comportamento silenzioso, ci insegnano l'importanza di sapere quando non agire, lasciando che le cose si evolvano senza interferire con la loro naturale crescita.

Non vedere il non agire come passività, ma come un atto di saggezza e di fiducia nel processo naturale

Le Tre Scimmiette ci invitano a "non vedere" il non agire come passività o rassegnazione, ma come un atto di saggezza e fiducia nel processo naturale della vita. A volte, la miglior azione che possiamo fare è non fare nulla, ma permettere agli eventi di svilupparsi nel loro corso naturale. La pazienza e la fiducia ci insegnano che non tutto può essere controllato, e che l'equilibrio e la serenità derivano dal fluire con la vita.

Non sentire il non agire come una fuga dalle difficoltà, ma come una forma di accettazione e di apertura alla realtà così com'è

Le Tre Scimmiette ci insegnano a "non sentire" il non agire come una fuga dalle difficoltà, ma come una forma di accettazione e apertura alla realtà così com'è. La vita non è sempre facile, e a volte la soluzione non è l'azione immediata, ma l'accettazione di ciò che accade. Attraverso il non agire, possiamo imparare a fare spazio alla comprensione e a rispondere alle situazioni con calma e lucidità.

Non parlare del non agire come di un'opzione da evitare, ma come di una pratica che porta a una maggiore consapevolezza e allineamento con la nostra vera natura

Le Tre Scimmiette ci suggeriscono di "non parlare" del non agire come di un'opzione da evitare, ma come di una pratica che porta a una maggiore consapevolezza e allineamento con la nostra vera natura. Non agire non significa essere inattivi o irresponsabili, ma riconoscere che esiste una forza più grande che guida tutto, e che il nostro compito è di sintonizzarci con essa piuttosto che forzarla.

Conclusione Finale: La Saggezza delle Tre Scimmiette e la Via della Consapevolezza

Le Tre Scimmiette ci offrono un modello di vita che si fonda sulla consapevolezza, sull'ascolto e sul rispetto. La loro saggezza ci guida verso una vita più equilibrata, più autentica e più piena. Attraverso il silenzio, l'osservazione e la riflessione, possiamo imparare a vivere con maggiore profondità, comprendendo meglio noi stessi e il mondo che ci circonda. Le Tre Scimmiette ci invitano a vivere con attenzione, a non giudicare e a non interferire inutilmente, ma ad agire con consapevolezza e compassione. In questo modo, possiamo trovare una pace duratura, un'armonia interiore e relazioni più autentiche e significative.

Conclusione Finale: La Saggezza delle Tre Scimmiette e il Cammino della Consapevolezza

In questo viaggio attraverso le riflessioni offerte dalle Tre Scimmiette, abbiamo esplorato il valore del silenzio, della riflessione, della consapevolezza e dell'empatia. Ogni principio che queste scimmiette incarnano ci invita a vivere con maggiore presenza, a fare meno giudizi e a coltivare un'attenzione profonda verso noi stessi e gli altri. Il loro comportamento simbolico ci insegna che, per vivere una vita piena e soddisfacente, dobbiamo imparare a vedere, sentire e parlare in modo consapevole.

Il messaggio finale che queste Tre Scimmiette ci offrono è semplice, ma potente:

1. **Vivi con consapevolezza**: Ogni momento della tua vita è una opportunità per essere presente, osservare senza giudizio e fare scelte consapevoli. La consapevolezza non significa evitare le difficoltà o i conflitti, ma affrontarli con una mente aperta e un cuore calmo.

2. **Abbraccia il silenzio**: In un mondo che spesso celebra il rumore e l'agitazione, trova il coraggio di fare silenzio. Il silenzio è la chiave per l'introspezione, per connetterti con te stesso e con l'universo che ti circonda. Nel silenzio, si nasconde la saggezza di cui hai bisogno per andare avanti.

3. **Agisci con compassione ed empatia**: La comprensione degli altri è il ponte che unisce le persone. Non è solo il vedere o sentire le emozioni degli altri, ma rispondere con compassione, cercando di costruire ponti invece di muri. Sii gentile con te stesso e con gli altri, perché ogni essere umano sta affrontando le proprie battaglie.

4. **Impara a non agire quando necessario**: Non sempre è necessario intervenire. A volte, la miglior azione che possiamo fare è fermarci, ascoltare e aspettare che le cose si sistemino da sole. La pace interiore arriva quando smettiamo di forzare il flusso naturale della vita e impariamo a lavorare con essa.

5. **Prenditi cura di te stesso**: La cura di sé è essenziale per mantenere l'equilibrio e la serenità. Non aspettare che il corpo e la mente siano esausti per prenderti una pausa. La cura quotidiana di te stesso, fisica ed emotiva, è un atto di amore e un pilastro per vivere una vita sana e soddisfacente.

La saggezza delle Tre Scimmiette ci invita a riflettere su come possiamo vivere con maggiore consapevolezza, serenità e compassione, sia per noi stessi che per gli altri. Ogni gesto quotidiano, ogni scelta, ogni parola è un'opportunità per costruire un mondo più armonioso e attento. Non abbiate paura di fermarvi, di osservare, di riflettere. Il silenzio e la consapevolezza sono risorse potenti che, se utilizzate saggiamente, possono trasformare la vostra vita.

Siate le scimmiette sagge nella vostra quotidianità. Non vedete, non sentite, non parlate del male, ma piuttosto cercate il bene, ascoltate il vostro cuore e parlate con gentilezza. La pace che cercate è già dentro di voi.

Ringraziamenti

Grazie di cuore, cari lettori, per aver accolto questo viaggio nella saggezza delle Tre Scimmiette. Spero che queste pagine vi abbiano ispirato a vivere con maggiore consapevolezza, gentilezza e armonia.

Il vostro tempo e la vostra attenzione sono un dono prezioso, e sapere che avete scelto di dedicarli a queste riflessioni mi riempie di gratitudine.

Portate con voi questi insegnamenti, trasformandoli in piccoli gesti quotidiani.

Il cambiamento inizia da noi.

Maramurce Di Grazia